山东省社会科学规划研究项目（　　　　　　　　　读

中国公共体育服务进程中城市绿地与公共健身区协同实施问题研究

董德龙 王立鑫 于永平 胡乐刚◎著

中国财经出版传媒集团
经济科学出版社
Economic Science Press
·北京·

图书在版编目（CIP）数据

中国公共体育服务进程中城市绿地与公共健身区协同
实施问题研究／董德龙等著． -- 北京：经济科学出版
社，2024. 12. -- ISBN 978-7-5218-6507-3

Ⅰ. G812. 4

中国国家版本馆 CIP 数据核字第 2024E721Z0 号

责任编辑：李一心
责任校对：徐　昕
责任印制：范　艳

中国公共体育服务进程中城市绿地与公共健身区协同实施问题研究

ZHONGGUO GONGGONG TIYU FUWU JINCHENGZHONG CHENGSHI
LÜDI YU GONGGONG JIANSHENQU XIETONG SHISHI WENTI YANJIU

董德龙　王立鑫　于永平　胡乐刚　著
经济科学出版社出版、发行　新华书店经销
社址：北京市海淀区阜成路甲 28 号　邮编：100142
总编部电话：010 - 88191217　发行部电话：010 - 88191522
网址：www. esp. com. cn
电子邮箱：esp@ esp. com. cn
天猫网店：经济科学出版社旗舰店
网址：http://jjkxcbs. tmall. com
北京季蜂印刷有限公司印装
710×1000　16 开　12. 25 印张　180000 字
2024 年 12 月第 1 版　2024 年 12 月第 1 次印刷
ISBN 978 - 7 - 5218 - 6507 - 3　定价：73. 00 元

　　党的十八大以来，习近平总书记多次强调，"体育是提高人民健康水平的重要途径，是满足人民群众对美好生活向往、促进人的全面发展的重要手段，是促进经济社会发展的重要动力，是展示国家文化软实力的重要平台。"① 党的二十大报告也明确提出了"广泛开展全民健身活动，加强青少年体育工作，促进群众体育和竞技体育全面发展，加快建设体育强国"的要求。为此，坚持以习近平新时代中国特色社会主义思想为指导，构建更高水平的全民健身公共服务体系，加快体育强国建设，是奋力谱写中国式现代化新篇章的体育之为。

　　城市绿地与公共健身区协同实施可以说既是新时代公共体育建设的一个基本要求，也是一种具体体现。未来的公共体育服务建设，不应仅停留在单一的健身设施数量的投入，更应该注重与公共体育绿色生态的协同配合，更加体现出绿色生态空间的理念和底色。在国家发改委会同有关部门起草形成的《关于推进体育公园建设的指导意见》中，从导向、标准、重点及路径等方面，明确给出了具有可操作性的建设意见，为新时代城市绿地与公共健身区协同实施问题提供了政策性依据，同时也预示着我国城市绿地与公共健身区协同实施问题开始进入标准化建设轨道。

　　长期以来，我国从理论上注重的是公共体育服务体系、标准、内涵

---

　　① 习近平：在教育文化卫生体育领域专家代表座谈会上的讲话，https://www.gov.cn/xinwen/2020-09/22/content_5546157.htm。

及城乡一体化覆盖等问题，注重规模性投入，在内容上更加注重体育设施的数量投入，对于城市绿地与公共健身区协同实施问题还缺乏相应的研究，也缺乏典型的实践案例。为此，在新时代，从两者协同视角展开研究，一方面可以系统认识我国城市绿地与公共健身区协同实施可以带来的社会效应（如全民健康效应、体育参与效应等），另一方面也有助于认识我国城市绿地与公共健身区协同实施的一些影响因素，更有助于未来我国城市绿地与公共健身区协同实施的稳步推进和实践探索。

本书主要由五章构成，分别是问题提出、发展水平、作用机制、影响因素和基本策略，其中，问题提出章节着重介绍中国式现代化的现实需求、公共体育高质量发展的时代背景；发展水平、作用机制和影响因素章节着重展开一定的实证分析，揭示城市绿地与公共健身区匹配实施的现实状况和可能带来的社会效应；基本策略章节从域外经验和本土启示角度加以分析，为中国公共体育的高质量发展找准逻辑基点。

注重理论与实证案例分析是本书的指导思想，书中的一些问题是笔者通过调查和访谈形成的，为了使理论更加贴近实践，书中的一些讨论和分析力争紧密结合社会实践问题，同时对城市绿地与公共健身区匹配实施的一些问题展开讨论。笔者真诚地希望，本书能够在思路和理念上为新时代生态体育空间或公共体育高质量发展提供一些参考依据和理论视点，同时，就一些问题与广大同仁进行探讨与商榷。

鉴于看问题的视角不同和作者水平的有限性，城市绿地与公共健身区协同实施的一些问题和策略分析难免存在论述不充分，甚至疏漏和不当之处。本书的目的之一是在于如何在实施全民健身战略或大力建设体育健身场所的过程中，实现以绿色为底色的生态健身空间建设，书中所述也是笔者的实践和经验总结，不当之处还请广大同仁批评指正。

CONTENTS 目 录

第一章

问题的提出

第一节 选题背景

1. 中国式现代化的现实需求

何为中国式现代化？中国式现代化给公共体育服务带来了什么要求？中国公共体育服务应作出怎样的践行举措？这些都是中国公共体育服务面临的一些问题和抉择。党的二十大报告指出，中国式现代化是中国共产党领导的社会主义现代化，既有各国现代化的共同特征，更有基于自己国情的中国特色。中国式现代化是人口规模巨大的现代化，是全体人民共同富裕的现代化，是物质文明和精神文明相协调的现代化，是人与自然和谐共生的现代化，是走和平发展道路的现代化。

面对这一新时代进程，中国式现代化对公共体育服务建设提出如下要求：

（1）继续提高公共体育服务的覆盖面和可及性，实现城乡区域协调发展。中共中央办公厅、国务院办公厅印发的《关于构建更高水平的全民健身公共服务体系的意见》（以下简称《意见》）指出①，要加大全

---

① 中共中央办公厅　国务院办公厅印发《关于构建更高水平的全民健身公共服务体系的意见》[EB/OL]. 2022 – 10 – 25. www.gov.cn.

民健身公共服务资源向基础薄弱区域和群众身边倾斜力度，与常住人口总量、结构、流动趋势相衔接，完善农村全民健身公共服务网络，逐步实现城乡服务的内容和标准统一衔接。

从城乡公共体育服务设施的一体化建设来看，乡村体育设施的覆盖面还是明显不足，虽然，根据相关统计数据显示，截至 2020 年底，行政村场地设施覆盖率已超过 96%，但人均场地面积非常有限①。《农业农村部　体育总局　国家乡村振兴局关于推进"十四五"农民体育高质量发展的指导意见》指出，到 2025 年，农村人均场地面积达到全国平均水平②。目前，虽然大多数行政村有公共健身设施，但面积非常有限，且多数主要针对特定人群，很难满足不同年龄人群的多元化需求。

（2）需要提高公共体育服务的质量和效益，满足人民对高品质生活的期待，促进人的全面发展。公共体育的高质量发展成为"十四五"规划和今后一段时期的主要努力方向，人民对美好生活的向往也成为新时代的奋斗目标，发展公共体育是满足民生的重要手段和举措，是人民美好生活的一个标志，已经在多个方面表现出了明显的历史进阶。

政策层面：2022 年 3 月，中共中央办公厅、国务院办公厅印发了《关于构建更高水平的全民健身公共服务体系的意见》，提出了一系列政策措施，旨在增强人民体质、提高全民健康水平，构建统筹城乡、公平可及、服务便利、运行高效、保障有力的更高水平的全民健身公共服务体系。这是我国全面推进健康中国战略的重要举措，也是对当前公共体育服务质量的一种提升和完善。

资源层面：近年来，我国全民健身公共服务体系建设取得明显成效。截至 2021 年底，全国共有体育场地 397.1 万个，面积达 34.1 亿平方米，分别比 2013 年增长 134.3% 和 71.2%③。同时，我国也加大了对

---

① 中国小康网. 让体育场馆成为群众健身乐土 ［EB/OL］. 2022 – 03 – 16. www. north-news. cn/nmgzq/6670/0317/2078554. html.
② 中华人民共和国中央人民政府.《农业农村部、体育总局、国家乡村振兴局联合发文推进"十四五"农民体育高质量发展》［EB/OL］. 2022 – 06 – 24. www. gov. cn.
③ 人民网. 着力提升全民健身公共服务质量 ［EB/OL］. 2022 – 04 – 28. http：//opinion. people. com. cn/n1/2022/0428/c1003 – 32410562. html.

农村、基层、边远地区等健身资源的投入和支持，使得全民健身和公共服务城乡区域均衡发展。

活动层面：我国不断丰富和创新全民健身活动的内容和形式，满足不同群体、不同年龄段的健身需求。比如，北京冬奥会成功举办，吸引更多人爱上冰雪运动；赛事活动更加多样，攀岩、滑板等运动走进日常生活；户外运动也越来越受欢迎，登山、徒步、骑行等项目成为新的健身方式。

效果层面：我国全民健身活动的普及和发展，在增强人民体质、提高全民健康水平方面发挥了积极作用。据报道，2019 年我国经常参加体育锻炼人数比例达到 37.2%，比 2014 年提高了 5.7 个百分点[①]；人均每周锻炼时间达到 3.6 小时，比 2014 年增加了 0.6 小时。

（3）提高公共体育服务的创新能力和科技支撑，适应新发展理念和新发展格局，促进绿色低碳循环发展。《意见》强调，要强化资源集约利用和科技支撑，推动体制机制改革和供给方式创新。要打造绿色便捷的全民健身新载体，促进全民健身与生态文明建设相结合。从目前绿色生态空间建设来看，主要呈现出的载体形态有体育公园、户外运动及智能化健身场地，其中，最为重要的存在样态是体育公园。2021 年，国家发改委联合多部门发布《关于推进体育公园建设的指导意见》，提出，到 2025 年全国新建或改扩建 1000 个左右体育公园的发展目标[②]。体育公园既是城市绿色系统组成部分，又可以集合各类运动场地设施，能够有效增加体育场地面积，补齐全民健身场地设施不足的短板，对推动城市绿地与公共健身区的协同实施发挥着重要的载体和媒介作用。

我国早在 20 世纪 90 年代就提出体育公园的概念。1994 年，建设部城建司印发的《全国城市公园情况表》给体育公园下的定义为："以突

[①] 央视网.国家体育总局：2020 年经常参加体育锻炼人数比例达 37.2%［EB/OL］. 2022 – 07 – 05. http：//m. gmw. cn/baijia/2022 – 07 – 05/1303029119. html.
[②] 中华人民共和国中央人民政府.《关于推进体育公园建设的指导意见》［EB/OL］. 2021 – 10 – 23. http：//www. gov. cn/zhengce/zhengceku/2021 – 10/30/content_5647758. htm.

出开展体育活动，如游泳、划船、球类、体操等为主的公园，并具有较多的体育活动场地及符合技术标准的设施。^①"在 21 世纪初，我国加快了体育公园的建设。2008 年，北京奥运会成功举办，为中国体育公园建设提供了重要契机。北京奥林匹克森林公园、上海世博公园等都是包含体育主题的大型综合性公园。2011 年，国务院印发《全民健身计划(2011—2015 年)》，提出要加强全民健身场地设施建设，鼓励各地建设适应不同人群需求的体育公园。但体育公园建设整体上存在两个问题：一是体育公园成为城市的独有坐标，沦为竞技体育的训练地或训练场，致使公共利用空间或时间大打折扣；二是体育公园的生态性明显欠缺，或者说还顾及不到生态性。为此，未来体育公园的建设必须体现绿地的覆盖性、可及性和生态性。

(4) 提高公共体育服务的社会参与度和治理水平，形成政府引导、多方参与、共建共治共享的长效机制，促进社会和谐稳定。《意见》要求，要发挥政府保基本、兜底线的作用，推进基本公共服务均等化。要激发社会力量积极性，支持社区活动的群众自发性健身组织。从制度内容来看，全民参与治理的能力这一规定还尚显不足，尤其是缺乏反馈性制度。对于新建的一些公共体育设施场地，如社区足球场、社区篮球场等，居民还缺乏一定的了解，甚至对于是否免费开放等问题还不了解，更无从谈及如何建设。

当然，伴随着社会改革进程，中国居民主动参与治理公共体育的水平是呈现上升趋势的，但依然面临公民利益表达渠道单一或受阻，居民主动参与意识单薄，治理组织化程度低，相关法律法规建设滞后等现实困境，尤其是缺乏立法工作。同时，还存在社会力量介入的诚信问题，伴随着我国协会实体化改革进程，越来越多的社会力量涌入公共体育服务空间，承担或参与多项公共体育服务建设，但在这一新时代转型期，良序的公共体育服务制度还有待完善，社会力量资助缺乏应有的监督，

---

① 文秘帮. 体育休闲公园植物景观设计分析 [EB/OL]. 2022 - 10 - 05. https：//www. wenmi. com/article/pyvp79052m9i. html.

面对这样的双重张力，社会力量往往存在执行或组织实施中的诚信和品质问题，使其社会公信力下降。

中国居民主动参与治理公共体育的水平受到多方面因素的影响。根据相关研究，影响中国居民主动参与治理公共体育的因素包括：个人因素（如年龄、性别、教育程度、收入水平、健身习惯等）、社会因素（如政策法规、社会组织、社会信任、社会资本等）、环境因素（如体育场地设施、体育活动供给、体育文化氛围等）。这些因素相互作用，共同影响着中国居民主动参与治理公共体育的意愿和能力。董德朋（2023）研究指出，"经济发展水平有助于公共体育资源配置水平的提高，但也扩大了公共体育资源配置的差异程度"[①]，他同时指出，"公共体育资源配置的差异现实并非政府投入不足所致，而更可能是由于体制或制度的不完善所形成的……制定系统的政策制度可能是今后需要努力的一个方向。"由此可见，制度性因素是推动居民主动参与体育治理的一个先决条件。

2. 公共体育高质量发展的时代标志

在国家体育总局印发的《"十四五"体育发展规划》中明确提出，公共体育是指为社会公众提供的体育服务和活动，包括体育场馆、设施、器材、教练、指导、培训、赛事、演出等[②]。公共体育的目的是促进人民群众的身心健康，提高生活质量，增强国民素质，推动社会和谐与进步。高质量发展是指在经济社会发展的基础上，注重提升发展的质量和效益，优化发展的结构和布局，增强发展的创新和动力，协调发展的平衡和可持续性，满足人民日益增长的美好生活需要。

中国公共体育高质量发展的基本内涵：第一，以人民为中心，满足不同群体、不同地区、不同层次的多样化体育需求，提供优质、便捷、

---

① 董德朋. 公共体育资源配置及居民幸福的健康社会学机制 [M]. 北京：人民体育出版社，2023.
② 中华人民共和国中央人民政府.《十四五体育发展规划》[EB/OL]. 2021 – 10 – 26. http：//www. gov. cn/xinwen/2021 – 10/26/content_ 5644894. htm.

安全、普惠的公共体育服务和产品；第二，以改革为动力，完善公共体育法律法规和政策体系，推进公共体育管理体制和运行机制的创新，激发社会各方面参与公共体育的积极性和主动性；第三，以创新为引领，加强公共体育科技研发和应用，推广先进的理念、方法、技术和模式，培养高素质的公共体育人才队伍，打造具有国际竞争力的公共体育品牌；第四，以协调为保障，加强公共体育与经济、社会、文化、生态等领域的融合发展，促进城乡、区域、部门之间的公共体育资源配置和利益均衡，构建全民参与、全方位覆盖、全周期服务的公共体育网络；第五，以可持续为目标，坚持绿色发展理念，保护自然环境和生态系统，节约能源和资源，减少污染和排放，实现公共体育与环境协调发展。

随着社会经济的发展，公共体育服务质量的提升成为近年来的研究热点，学者们普遍认为公共体育服务质量是影响公众体育参与和满意度的重要因素（吕万刚，2020[①]；李乐虎，2019[②]）。虽然不同学者对公共体育服务质量内涵的界定不一，本书认为公共体育服务质量概念的主要内容为公众对公共体育服务的期望与实际感受之间的差异。

已有研究根据不同的主题大概分为以下两类。第一类的主要观点为探讨影响公共体育服务质量的因素，其中，又细分为两种代表性观点。一种观点认为，影响公共体育服务质量的因素主要有硬件设施、软件人员、管理制度等（王丽娜，2014[③]）；另一种观点认为，影响公共体育服务质量的因素还包括公众的个人特征、社会环境、文化背景等（董德龙，2019[④]；黄为为，2016[⑤]）。第二类的主要观点为评价公共体育服务

① 吕万刚，曾珍. 基于公众感知的大型体育场馆公共体育服务质量评价与实证研究 [J]. 体育学刊，2020，27（5）：59-67.

② 李乐虎，高奎亭，黄晓丽. 我国政府购买公共体育服务质量制约与保障路径 [J]. 体育文化导刊，2019（7）：30-36.

③ 王丽娜，栾秀群. 城市社区休闲体育公共服务体系的制约因素及对策研究 [J]. 科技经济市场，2014（5）：81.

④ 董德龙，于永平，梁红梅. 全民健身与绿色生态协调发展的时空特征 [J]. 成都体育学院学报，2019，45（4）：47-53.

⑤ 黄为为，何金廖，王宇彤. 德国海德堡城市体育空间利用对南京江北新区绿色规划的启示 [J]. 现代城市研究，2016（5）：29-33.

质量水平，又可细分为两种代表性观点。一种观点认为，评价公共体育服务质量水平应该采用定性分析方法，通过深入访谈、焦点小组、案例分析等方式获取公众对公共体育服务的真实感受和建议；另一种观点认为，评价公共体育服务质量水平应该采用定量分析方法，通过问卷调查、数理统计、结构方程等方式测量和验证公众对公共体育服务的期望和感知。

从中可以看出，评价公共体育服务质量水平的方法和技术是多样化的，既有定性和定量的结合，也有理论和实证的结合。以上研究对于公共体育服务质量议题的研究都进行了重要的推进，对公共体育服务质量的解释更进一步。然而，已有研究都尚未注意到公共体育服务质量与公众体育参与行为之间的关系。具体而言，已有研究不足体现在：第一，从研究设计角度，已有研究更多关注公共体育服务质量本身的内涵、影响因素和评价方法，而较少关注公共体育服务质量对公众体育参与行为的影响。第二，从资料分析方法上看，已有研究更多关注公共体育服务质量的描述性分析和解释性分析，而较少关注公共体育服务质量的预测性分析和干预性分析。第三，从论证角度看，已有研究更多关注公共体育服务质量的现状和问题，而较少关注公共体育服务质量的目标和策略。

公共体育服务质量既是中国式现代化体育进阶的基本体现，也是健康中国和全民健身战略实施的基本逻辑，更是中华民族伟大复兴的标志事项，"十二五"以来国家也发布了诸多政策文件（见表1.1）。那么，如何才能更好地体现公共体育服务高质量发展？这是当前应该亟须回答的问题。研究认为，公共体育服务高质量发展首先应做到物理空间环境的结构优化，其次是社会资本的生态福利和资本累积。沿着这一逻辑，绿地与公共健身区的协同实施和空间结构调整是基本策略或路径，这也是促成人民主动参与健身局面形成的硬件抓手，继而实现居民社会资本的积累和生态福利效应的形成。

表1.1　　　"十二五"以来的相关公共体育政策示例

政策名称	年份	内容
《关于加快发展体育产业促进体育消费的若干意见》	2014	将全民健身上升为国家战略，把体育产业作为绿色产业、朝阳产业培育扶持，开拓了发展体育产业的新思路
《中国足球改革发展总体方案》	2015	以足球项目为突破口的协会实体化改革稳步推进，助力实现体育强国梦
《全民健身计划（2016–2020年）》	2016	提出到2020年，经常参加体育锻炼人数比例达到34.5%，县（市、区）、乡镇（街道）、行政村（社区）三级公共健身设施和社区15分钟健身圈基本实现全覆盖
《国民体质监测条例》	2017	涉及国民体质监测的目的、对象、内容、组织、管理等方面，为提高国民体质水平提供法律保障
《关于促进全民健身和体育消费推动体育产业高质量发展的意见》	2019	提出了加快推进全民健身和体育消费、推动体育产业高质量发展、加强组织领导和保障措施等方面的意见
《全民健身条例》	2020	涉及全民健身的指导思想、目标任务、组织领导、公共服务、赛事活动、社会组织、法律责任方面，为深入实施全民健身国家战略提供法律保障
《全民健身计划（2021–2025年）》	2021	提出到2025年，经常参加体育锻炼人数比例达到38.5%，县（市、区）、乡镇（街道）、行政村（社区）三级公共健身设施和社区15分钟健身圈实现全覆盖，每千人拥有社会体育指导员2.16名
《"十四五"体育发展规划》	2021	提出了2035年建成社会主义现代化体育强国的远景目标和"十四五"时期体育发展的主要目标、总体要求、重点任务和保障措施
《关于构建更高水平的全民健身公共服务体系的意见》	2022	提出了构建更高水平的全民健身公共服务体系的总体要求、主要目标、重点任务和保障措施

3. 体育的价值作用要求

体育何以可为？虽然人们的认识会有所不同，但体育伴随着人类发展，体育的应用领域正在不断扩大，除了传统意义上的养生、健身、休闲等娱乐方式外，在许多特色领域也得到彰显，如航空航天领域（董德朋，2021①）。尤其是近代以来，体育便承担起了"救亡图存""强种强国""民族精神""强身健体""经济建设"等多方面的历史担当，在国族建构、精神启蒙和经济建设等方面作出了理论与实践的双重贡献，且正在沿着自身的发展逻辑作出新的理论与实践建构。习近平总书记在教育文化卫生体育领域专家代表座谈会上的重要讲话，深刻强调了体育的定位和作用，谈到体育的重要意义，习近平总书记连续用了4个"重要"：体育是提高人民健康水平的重要途径；体育是满足人民群众对美好生活向往、促进人的全面发展的重要手段；体育是促进经济社会发展的重要动力；体育是展示国家文化软实力的重要平台。由此，对体育的价值作用作出了新的时代定位和方向指引②。

人民健康的提升离不开体育的干预和保障。从生理机制来讲，体育运动可以通过激活 mTOR 信号通路，这是一种调节细胞生长、增殖和代谢的重要通路。mTOR 信号通路可以促进神经元的突触形成和传递，轴突髓鞘化和树突棘增加，从而改善运动学习能力和记忆力。另外，体育运动也可以通过激活 AMPK、PGC－1α、BDNF 等信号通路实现对细胞能量、线粒体功能神经元塑造等多方面的功能改造。从心理机制来看，体育更能够使人的精神压力得到释放，并能够提高心情愉悦。从社会机制来看，人民的身体健康会保证他们有更好的服务社会的能力，促进社会生产的不断积累和提升。同时，人民健康更是强国的根基，是一个民族富强繁荣的根本。为此，体育是提升人民健康的重要途径。

---

① 董德朋，汪毅. 助力中国航天：微重力环境运动应对理论与实践探索 [J]. 体育科学，2022，42（9）：55－71.
② 中华人民共和国中央人民政府. 习近平主持召开教育文化卫生体育领域专家代表座谈会并发表重要讲话 [EB/OL]. 2020－09－22. https：//www. gov. cn/xinwen/2020－09/22/content_5546100. htm.

从现有的干预途径来看，主要有青少年体质健康促进、公共体育设施投入、社会组织指导及个体居民健身等方面，但存在成效和执行力度上的不足。青少年体质健康促进主要的责任主体应为学校，但学校体育受安全责任等的影响，在学生体质健康促进的干预实施上受到极大干扰，学生的体质健康促进受到掣肘；公共体育设施投入在近些年不断增加，截至 2022 年底，中国人均场地面积达到 2.62 平方米，这与美国人均场地面积 16 平方米相差甚远，距离世界发达经济体国家平均 7 平方米也存在一定的差距。如果说上面是规模上的差距，在质量上也存在较大差距，如结构优化问题，许多城市公共体育设施缺乏结构性规划，只是规模上的扩大，缺乏场地结构布局，致使公共体育服务的质量还缺乏结构性覆盖。社会组织方面，近些年国家一直在进行社会组织改革，也实施了社会组织的实体化脱钩，积极促进社会力量的介入，但社会组织的公信力遭受质疑，社会组织的社会信誉和社会责任担当意识欠缺，造成业内不良竞争现象尤为明显，服务质量备受质疑。个人健身往往停留在被动层面，主动参与意识不足，且科学的主动健身行为欠缺，未能实现个体主动健身与科学指导的有效融合，这些都在一定层面上影响了全民健身行为。

体育又是如何满足人民群众对美好生活向往的呢？或者说体育如何更好地服务人民群众对美好生活的向往？不少学者对这一问题进行了诘问和回应。乔玉成（2020①）对体育与幸福的关系进行了问题式回答，其中，尤其回答了体育能够让人感到幸福的生物学基础是什么。研究指出，神经科学表明，大脑是幸福感产生、维持和变化的生理基础，且在大脑中存在一个从接受外界刺激到感受快乐和幸福的"幸福系统"，这个系统由能够感受快乐、奖赏和幸福的大脑皮层的前额叶、眶额叶、海马回、前扣带回、脑岛和皮层下区域的杏仁核、腹侧纹状体、伏隔核和腹侧苍白球等组成的共享或重叠的网络系统，以及由此产生的内啡肽、

---

① 乔玉成，范艳芝. 诘问与回应：体育与幸福关系研究的 8 个基本问题 [J]. 上海体育学院学报，2020，44（7）：1-15.

多巴胺等神经递质或激素组成，并形成一个能感受"情感"反应的集成回路。由此，这从生理机制上回答了体育对人民美好生活感的积极作用这一问题。

伴随着社会经济水平的不断发展，体育的经济贡献和展示国家文化软实力的平台作用愈加凸显，2014 年国务院印发的《关于加快发展体育产业促进体育消费的若干意见》成为体育产业发展的转折点和标志性文件，体育特色小镇、体旅融合发展、地区赛事组织、企业特色赛事引领等成为体育产业的新形式或新业态，极大地提升了体育产业的发展水平。王艳（2023）研究指出[①]，"小城镇应在承接产业转移和产业分工中找准定位，在产业融合中找到市场，以运动项目或赛事活动为引领，打造特色体育产业，实现小城镇体育产业发展"。截至 2022 年，中国体育产业总产出达到 31175 亿元，当然，这与世界发达国家还是有较大差距，但中国体育产业迎来了新的发展期，体育的经济贡献更为明显。同时，体育作为国家文化软实力的一张名片，有其自身的特色和优势，中国体育既是展示中华体育精神的实践载体，也具备传统文化的深厚底蕴，在文化建构和精神传承中发挥着越来越重要的作用。

体育强则中国强，国运兴则体育兴，体育承载着国家强盛、民族振兴的梦想，尤其是自近代以来，体育在国族建构、精神启蒙和经济建设方面作出了理论和实践的双重贡献，伴随着新时代体育的重要价值作用，体育该作出怎样的实践选择？这是体育应回答的现实问题。面对新时代习近平总书记确立的体育四个重要作用的定位，体育需尽快作出更多的回应。其中，公共体育服务建设是最为基础的环节，公共体育服务质量的高低影响着人民的健康和幸福，也彰显着经济建设和文化实力，公共体育服务的结构优化将有助于实现人民的主动健康和打造文化品牌。为此，公共体育服务应成为未来一段时期的重要抓手，而公共体育服务高质量发展的基本体现是实现生态体育空间建设，沿着这

---

① 王艳. 我国小城镇体育产业发展方略［M］. 人民体育出版社，2023.

一发展逻辑，城市绿地与公共健身区的协同实施就成为治理的重要环节和关键点。

第二节　研究意义

城市绿地是衡量城市环境质量及居民生活福利水平的重要指标之一，主要包括公共绿地（各种公园、游憩林荫带）、居住区绿地、交通绿地、附属绿地、生产防护绿地及风景区绿地。《全民健身条例》(2016) 明确提出了"公园、绿地等公共场所的管理单位，应当根据自身条件安排全民健身活动场地"[①]，并对县级以上人民政府的责任、组织、协调等方面作出了规定。在《全民健身计划（2016－2020 年)》中也明确提出了合理利用景区、郊野公园、城市公园、公共绿地、广场及城市空置场所建设健身场地的指导思想[②]。这些文件明确提出了城市绿地对公共健身场地的建设要求。然而，由于各部门在组织、会同、实施、监管、评估等方面还缺乏政策保障，导致职能部门之间的优化协同水平还有待提升。为此，本研究具有如下理论和实际应用价值：

（1）理论价值：一是从城市绿色运动空间的视角探究城市绿地与公共健身区协同实施的内在机制，丰富全民健身实施路径理论研究；二是通过探究城市绿地与公共健身区协同实施的政策机制，拓展全民健身国家战略的治理能力和理论体系，为研究全民健身服务提供新思路。

（2）应用价值：一是有助于各职能部门对全民健身国家战略的理解，并加强部门之间的协作水平；二是有助于新型城镇化建设和规划，实现我国全民健身的休闲性标志；三是有助于体育社会组织及相关社会力量在社会治理能力方面的提升。

---

① 中华人民共和国中央人民政府．全民健身条例［EB/OL］. 2016. 2. https：//www. gov. cn/gongbao/content/2016/content_5139426. htm.

② 中华人民共和国中央人民政府．国务院关于印发全民健身计划（2016－2020 年）的通知［EB/OL］. 2016－06－15. https：//www. gov. cn/zhengce/zhengceku/2016－06/23/content_5084564. htm.

第三节 文献述评

1. 国内研究

公共体育服务的宗旨之一是推动全民健身运动发展，全民健身是全体人民增强体魄、健康生活的基础和保障，人民身体健康是实现个人成长和幸福生活的重要基础。自 1995 年国务院颁布《全民健身计划纲要》以来，全民健身已推行近 30 个年头，其间颁布了一系列政策，包括《全民健身条例》《全民健身计划（2011－2015 年）》《"健康中国 2030"规划纲要》《全民健身计划（2016－2020 年）》《健康中国行动（2019－2030 年）》《体育强国建设纲要》等，具有里程碑意义的是 2014 年颁布的《关于加快发展体育产业促进体育消费的若干意见》，将全民健身提升为国家战略，集合了全国各阶层力量发展全民健身事业。这些政策的出台，无疑为推动公共体育服务建设作出了指向，但从具体研究视角来看，围绕城市绿地与公共健身区协同发展的研究还尚显不足。总体来说，国内对于城市绿地与公共健身区关系的关注和发展较晚，主要从以下几个方面进行研究：

（1）城市绿地系统规划与建设。国内在城市化进程中，逐渐意识到建设城市绿地系统的重要性和紧迫性，开始制定和实施相关的规划和政策，以促进城市绿地系统的发展和完善。例如，国家层面出台了《关于推进体育公园建设的指导意见》（2021 年）、《城市绿地分类标准》（2017 年）等文件，明确了城市绿地系统的总体要求、发展目标、推动措施等内容，尤其是对新时代体育公园建设提出了具体的数量要求。

（2）城市公共健身空间供需匹配分析。国内对于城市公共健身空间供需之间的关系有较多的分析和评价，主要运用统计指标法、旅行距离法、最小距离法、引力模型法等方法，测算了不同城市或区域的公共健身空间的供需比例，并分析了人口密度、社会经济、交通可达性等变量因素。董德朋（2017①）运用要素集中度指数、ArcGIS 空间分析及 DEA 测评模型等方法，从生产要素空间集聚、资源配置空间集聚及均衡要素空间集聚三个方面展开测评，完成了对长春五大主城区公共体育服务空间要素集聚效应的论证。然而，目前绝大多数国内研究还停留在对城市健身空间的结构性测评方面，供需匹配关系论证不足。

（3）城市绿地与公共健身区之间的协同效应评价与优化。国内对于城市绿地与公共健身区之间的协同效应主要从生态系统服务供需匹配、空间形态结构、植物配置结构与土壤基质等方面展开，评价和优化了城市绿地与公共健身区之间的协同效应，并提出了相应的建议和策略。例如，肖华斌（2022）等综述了城市绿地生态系统服务与居民健康福祉之间的相关性研究，提出了供需匹配的视角和方法②；赵晓龙（2021）等分析了公共健康和福祉视角下英国城市公园的发展，总结了英国城市公园的经验，提出了"健康中国"背景下我国城市公园的建设路径③。目前，关于城市绿地与公共健身区协同实施的评价指标体系主要涉及反映城市绿地与公共健身区之间的协同性、互补性、融合性等方面，如绿地与健身区空间匹配度、绿地与健身区功能、绿地与健身区景观匹配度，然而，国家层面的具体标准和政策还相对不足。

2. 国外研究

国外对于城市绿地与公共健身区协同关系有较早的关注和探索，主要从以下几个方面进行研究：

（1）城市公园体系规划与建设。国外早在 19 世纪就开始建设城市公园体系，以满足城市居民的游憩需求和改善城市环境。例如，美国的

---

① 董德朋，袁雷，韩义. 基于 ArcGIS 的城市中心城区公共体育服务空间：结构、问题与策略 [J]. 上海体育学院学报，2017，41（6）：10－16.

② 肖华斌，安洪，况苑霖，等. 健康福祉视角下城市绿地文化服务供需测度与空间特征——基于地块尺度的济南市旧城区分区实证研究 [J]. 西安建筑科技大学学报（自然科学版），2022，54（3）：376－385.

③ 赵晓龙，王敏聪，赵巍，等. 公共健康和福祉视角下英国城市公园发展研究 [J]. 国际城市规划，2021，36（1）：47－57.

中央公园、英国的皇家公园、德国的大型森林公园等都是城市公园体系规划与建设的典范，它们不仅提供了丰富多样的游憩设施和活动，还形成了生态廊道和景观节点，提升了城市品质和形象。

（2）城市游憩需求与供给分析。国外对于城市游憩需求与供给之间的关系有较深入的分析和评价，主要运用可达性、空间公平、多功能协同等指标和方法，评估城市绿地与公共健身区之间的匹配程度和效果，以及存在的不平衡和不足问题。例如，欧洲多个国家制定了城市游憩标准或指南，设置了城市居民对于游憩空间的最低需求量、最大距离、最小面积等指标，并根据实际情况进行调整和优化。欧洲国家相关城市游憩空间政策如表 1.2 所示。

表 1.2　　　　　　　　欧洲国家相关城市游憩空间政策示例

年份	政策名称	内容
1995	欧洲城市游憩空间绿皮书（European Urban Green Space Green Paper）	该文件是欧盟委员会发布的一份咨询性文件，旨在促进欧洲城市游憩空间的发展和保护，提出了一些政策建议和行动计划，包括建立城市游憩空间的统计数据库、制定城市游憩空间的质量标准和评价体系、支持城市游憩空间的研究和交流、鼓励公民参与城市游憩空间的规划和管理等
2000	欧洲城市游憩空间白皮书（European Urban Green Space White Paper）	该文件是欧盟委员会发布的一份正式文件，基于绿皮书的咨询结果，确定了欧洲城市游憩空间的战略目标和行动方案，包括提高城市游憩空间在欧洲政策中的地位和重要性、增加城市游憩空间的数量和质量、促进城市游憩空间的多功能性和可持续性、加强城市游憩空间的合作和协调、推动城市游憩空间的创新和最佳实践等
2004	欧洲景观公约（European Landscape Convention）	该公约是欧洲理事会制定的一项国际条约，旨在保护、管理和规划欧洲各种类型的景观，包括自然、农业、城镇和郊区景观。该公约认为景观是人类福祉和生活质量的重要因素，也是人类与自然环境之间的互动结果。该公约要求各缔约国承担一系列义务，包括制定并实施景观政策、鼓励公众参与景观事务、提高景观教育和培训水平、加强跨国界景观合作等

续表

年份	政策名称	内容
2007	欧洲绿色基础设施战略（European Green Infrastructure Strategy）	该战略是欧盟委员会发布的一份通讯文件，旨在建立一个欧洲范围内的绿色基础设施网络，以提供多种生态系统服务，并应对气候变化、生物多样性丧失等挑战。绿色基础设施是指利用自然过程维持或恢复生态系统功能的自然或半自然系统，如森林、湿地、草地、河流、湖泊等。该战略提出了一些行动措施，包括制定绿色基础设施指南和工具箱、支持绿色基础设施项目和资金来源、促进绿色基础设施与其他政策领域的协同效应、加强绿色基础设施的监测和评估等
2013	欧洲城市游憩空间绿色指南（European Urban Green Space Green Guide）	该指南是欧盟委员会发布的一份实用手册，旨在为欧洲城市提供游憩空间的规划、设计、管理和评价的指导原则和方法。该指南包括四个部分：第一部分介绍了游憩空间的概念和价值，第二部分介绍了游憩空间的规划和设计原则，第三部分介绍了游憩空间的管理和维护方法，第四部分介绍了游憩空间的评价和监测工具。该指南还提供了一些成功案例和参考资料，以供参考和借鉴

（3）城市生态系统服务评价与优化。国外对于城市生态系统服务有较完善的理论框架和评价方法，主要从生物多样性、气候调节、水资源管理、提高空气质量、提升社会福利等方面[1][2]，量化或定性地评价城市绿地与公共健身区所提供的生态效益，并提出相应的优化策略和措施。例如，美国的绿色基础设施、英国的自然资本、德国的生态网络等都是城市生态系统服务评价与优化的实践案例，它们通过不同的技术和手段，提高了城市绿地与公共健身区之间的协同效应，增强了城市的生态韧性和可持续性。英美德等国家相关城市生态服务评价政策如表1.3所示。

---

① VAN T C, SCHEERDER J. A multilevel analysis of social stratification patterns of leisure-time physical activity among Europeans [J]. Sci Sport, 2010, 25 (6): 304 –311.

② HONG F, Feng J. Special issue: Sport, urbanization and social stratification in asian society introduction [J]. International Journal of The History of Sport, 2016, 33 (18): 2185.

表 1.3 英美德等国家相关城市生态服务评价政策示例

国家	年份	政策名称	内容
美国	2015	城市生态系统服务评估框架（Urban Ecosystem Services Assessment Framework）	该框架旨在帮助城市规划者和决策者评估城市生态系统服务的供给和需求，以及不同规划方案对生态系统服务的影响。该框架包括四个步骤：确定目标和范围、选择指标和方法、收集数据和分析结果、制定建议和沟通结果
英国	2019	城市自然资本账户（Urban Natural Capital Accounts）	该账户是一种将自然资本（如绿地、水域、空气质量等）纳入经济核算的方法，用于衡量自然资本对人类福祉的贡献，以及人类活动对自然资本的影响。该账户可以帮助城市管理者优化资源配置，提高城市可持续性和竞争力
德国	2018	城市生态系统服务评价指南（Guidelines for the Assessment of Urban Ecosystem Services）	该指南是一种为城市生态系统服务评价提供操作性建议的工具，包括评价目的、范围、对象、指标、方法、数据源等方面。该指南旨在促进城市生态系统服务评价在德国的实施和应用，以支持城市规划和管理

基本趋势：学者们看到了城市绿色健身运动空间给市民带来的社会效益和经济效益，但现有的研究缺乏对以下问题的关注：定量测评城市绿地与公共健身区协同实施带来的社会效应和影响因素，以及如何实现多部门管理下在组织、会同、实施、监管、评估等方面的政策执行和协同性。为此，研究趋势可以归结为以下三个方面：第一，基于政策运行效能评估模型，测评城市绿地与公共健身区匹配实施的政策运行效能是研究动态之一；第二，基于多源数据融合测评模型、地理信息测评手段等探究城市绿地与公共健身区协同实施可行性和必要性是目前研究的新动向；第三，在确保绿地资源与全民健身空间生成政策的基础上，确立部门之间在组织、会同、实施、监管及评估等方面的政策协同机制是迫切需要解决的问题。

第二章

中国公共体育服务发展水平测量：时空特征及动态演进

——基于 31 个省（自治区、直辖市）的数据测评（2016～2020 年）

　　在《"十四五"体育发展规划》中明确要求要实现公共体育的高质量发展，预示着中国公共体育服务建设进入了一个新的历史进阶时期。然而，中国公共体育服务在省际层面上究竟是一种什么状况？处于何种发展水平或阶段？地区之间的差距如何？动态演进模式是否理想？关于这些问题，都还缺乏足够的定量认识。因为，只有在省际层面上有了客观的认识，中国公共体育服务才能更加有针对性地得以推进和实施，也才能真正实现健康中国行动提出的全民体育参与目标。国内众多学者也逐渐开始了对这方面的量化研究。周迪（2015①）对我国体育资源配置水平从低到高进行了 5 种等级的划分；李强谊（2016②）基于 Dagum 基尼系数及 Kernel 密度估计等方法，对我国体育资源配置水平的空间非均衡性进行了评价，给出了我国不同地区体育资源配置的差距及动态演进模式。这些研究为中国公共体育服务发展水平的测量提供了研究基础，但研究的指标缺乏统一性，本研究为了提升对选取的公共体育服务指标

----

　　① 周迪，程慧平. 中国农业现代化发展水平时空格局及趋同演变 [J]. 华南农业大学学报（社会科学版），2015，14（1）：25-35.
　　② 李强谊，钟水映. 我国体育资源配置水平的空间非均衡及其分布动态演进 [J]. 体育科学，2016，36（3）：33-43.

的认可度，以《全民健身计划（2011－2015年)》中的15项核心指标为统计源，继而根据获得的数据进行熵权评定、综合发展指数测算、空间相关（Moran's Ⅰ指数）及Markov链分析，完成对我国不同省域公共体育服务发展的时空格局和演化形态特征分析，并探究地区间的集聚效应，进一步给出空间状态分布和动态演进的预测概率（初始分布和稳态分布)，以便更加清楚地认识当下不同省份公共体育服务发展的空间状态和演进模式。

第一节　数据来源与研究方法

1. 数据来源

省际范围为31个省（自治区、直辖市)，不包括中国香港、台湾、澳门。时间序列选取2016～2020年为研究范围，数据主要来源于相应年份《体育事业统计年鉴》《中国体育年鉴》，部分缺失数据结合相应省（自治区、直辖市）数据进行补充。同时，依据国家统计局对我国东部、中部、西部的划分标准，从三大区域进一步考察公共体育服务发展水平的空间形态和动态演化模式。

2. 研究方法

（1）指标体系构建。

基于《全民健身计划（2011－2015年)》提出的测评指标为基本准则进行筛选，最终采取了其中的7大类15项指标为统计指标（见表2.1)。

表2.1　　　　　　中国公共体育服务发展评价指标体系

类别	指标（序号）	单位
锻炼参与率	体育锻炼人数比例（1）	%
身体素质	国民体质合格达标率（2）	%

类别	指标（序号）	单位
健身设施	每万人体育场地数（3）	个
	人均体育场地面积（4）	平方米
	省区市、乡镇体育健身工程（5）	个
	省区市、乡镇全民健身路径工程（6）	个
体育组织	青少年体育俱乐部（7）	个
	体育组织数量（8）	个
健身指导和志愿服务	获得技术等级证书的社会体育指导员数（9）	名
	每年接受体质测试人数（10）	名
组织机构	体质监测站点数量（11）	个
	体育社团（12）	个
经费支持	健身设施人均建设经费（13）	元
	群众体育人均事业经费（14）	元
	彩票公益金用于全民健身工作投入比例（15）	%

（2）熵权法。

熵权法是从指标体系量化的角度直接给出结构性权重，消除了主观评判的一些不足。其基本步骤为首选是消除不同量纲对计算结果的影响（即数据的标准化处理），利用公式（2.1）和公式（2.2）分别完成对正向指标和负向指标进行标准化转换，使各指标原始数据 x_{ij} 经转换后，其幅度压缩在［0，1］。同时，依次完成指标权重的标准化、熵值和熵权的运算［见公式（2.3）～公式（2.5），数据运算过程由 spss17.0完成］。

对于正向指标：

$$y_{ij} = (x_{ij} - x_{j\min})/(x_{j\max} - x_{j\min}) \qquad (2.1)$$

对于负向指标：

$$y_{ij} = (x_{j\max} - x_{ij})/(x_{j\max} - x_{j\min}) \qquad (2.2)$$

其中，x_{ij} 为指标体系原始数据，y_{ij} 为标准化的指标值，$x_{j\max}$、$x_{j\min}$ 分

别为指标 x_j 的最大值和最小值，$i=1，2，\cdots，m，j=1，2，\cdots，n$。

$$p_{ij}（归一化处理）= y_{ij}\Big/ \sum_{i=1}^{m} y_{ij} \qquad (2.3)$$

$$e_j（熵值）= -1/\ln m \sum_{i=1}^{m} p_{ij} \times \ln p_{ij} \qquad (2.4)$$

$$w_j（熵权）= (1 - e_j)\Big/ \sum_{j=1}^{n}(1 - e_j) \qquad (2.5)$$

（3）公共体育服务发展水平计算。

假设公共体育服务水平函数为 $f(u)$，则：

$$f(u) = \sum_{j=1}^{n} w_j \times y_{ij} \qquad (2.6)$$

（4）Moran' I 指数法。

Moran' I 指数法是分析全局空间自相关和局部空间自相关的主要分析方法，可以发现观测值在空间分布的差异性和显著性（LISA 检验图），其取值范围在［-1，1］之间，正值表示该空间事物的属性值分布具有正相关性，负值表示该空间事物的属性值分布具有负相关性，0值表示空间随机分布。计算公式见公式（2.7），同时，通过 Z 分验证空间没有任何相关性的假设是否成立［具体见公式（2.8）］。

$$I = \frac{n \sum_{i=1}^{n} \sum_{j=1}^{n} w_{ij}(y_i - \bar{y})(y_j - \bar{y})}{\left(\sum_{i=1}^{n} \sum_{j=1}^{n} w_{ij}\right) \sum_{i=1}^{n}(y_j - \bar{y})^2} \qquad (2.7)$$

$$z = \frac{I - E(I)}{\sqrt{\mathrm{var}(I)}} \qquad (2.8)$$

一般来讲，当 $|z| > 1.96$ 时，拒绝零假设，即在95%的概率下是存在空间自相关关系的。同时，借用 Moran 散点图（单变量相关分析）完成对局部空间关联模式及异常值或局部不稳定性的识别，从而确立当前我国公共体育服务发展在区域单元与其邻近单元之间存在何种空间联系形式，根据象限可以分为 H-H 关联（高值与高值：即得分高的省份与高的省份形成空间集聚）；L-L 关联（低值与低值：表示得分低的省份与低的省份在空间上集聚）；H-L 关联（高值和低值：表示得分高的

省份被低的省份包围）；L－H 关联（低值与高值：表示得分低的省份被高的省份包围），据此，可以更好地识别当下我国公共体育服务发展的空间集聚形态或格局，为实现公共体育服务水平的区域联动和良序发展提供实证依据。

（5）Markov 链法。

Markov 链（马尔科夫链）主要用来刻画变量的内部分布动态特征和预测分析（如一步状态转移、多步状态转移或极限概率），通过该方法可以较好地发现中国公共体育服务发展的动态演变模式和状态转移概率（P_{ij}），从而可以从统计学角度上判定当下的空间发展状态或模式是否合理，或者说可能存在的一些问题，帮助更好地判定当下模式的可行性，认识急需转变的现实问题。Markov 链是一个随机过程 $\{X(t), t \in T\}$ 的状态空间，如果对于时间 t 的任意 n 个数值，Markov 链满足：

$$P\{X(t_n) \leqslant x_n \mid X(t_1) = x_1, X(t_2) = x_2, \cdots, X(t_{n-1})\}, x_n \in R$$

（2.9）

式（2.9）中 $X(t_n)$ 是在条件 $X(t_i) = x_i$ 下的条件分布函数，假设中国不同省份公共体育服务状态转移概率只与其状态（i）有关，与 n 无关，就得到了时齐 Markov 链，将公式（2.11）进行变形后得到：

$$P\{X_{n+1} = j \mid X_0 = i_0, X_1 = i_1, \cdots X_{n-1} = i_{n-1}, X_n = i_n\} = P\{X_{n+1} = j \mid X_n = i\}$$

（2.10）

据此，Markov 链的关键是得到状态转移概率（P），即从一种状态转移到另一种状态的概率分布。据此，可以将我国不同省份公共体育服务发展水平划分为 N 种类型，并得到 $N \times N$ 维的状态转移概率矩阵（P），公式如下：

$$P = p_{ij} \begin{vmatrix} p_{11} & p_{12} & \cdots & p_{1j} & \cdots \\ p_{21} & p_{22} & \cdots & p_{2j} & \cdots \\ \vdots & \vdots & & \vdots & \\ p_{i1} & p_{i2} & \cdots & p_{ij} & \cdots \\ \vdots & \vdots & & \vdots & \end{vmatrix}, \text{ 其中, } p_{ij} \geqslant 0, \ ij \in N, \ \sum_{j \in n} p_{ij} = 1, \ ij \in N$$

（2.11）

通过 Markov 链分析的重点是求出状态转移概率矩阵中 P 的每一种状态转移概率 p_{ij}，即：

$$p_{ij} = \frac{n_{ij}}{n_i} \tag{2.12}$$

其中 n_{ij}、n_i 分别代表中国不同省份公共体育服务状态 i 转移到状态 j 的次数和出现的总次数。

为了能够进一步判定状态转移的演进模式或预测未来的发展趋势，需根据状态转移矩阵进一步求出稳态分布，假设 Markov 链是 $1 \times L$ 的行向量，如果满足 $Y_{t+s} \times P^s = Y_t$，则说明 Markov 链服从平稳分布，在平稳分布中，空间状态转移矩阵与时间无关，则可求 $s \to \infty$ 时的 P 的极限矩阵值，从而得到 Y_t 的稳态分布矩阵，由此可探寻出中国公共体育服务发展的模式状态及问题所在。

第二节 中国公共体育服务发展水平的时空格局

1. 中国公共体育服务总体特征

图 2.1 显示，我国公共体育服务总体趋势呈现先下降后增加的演化态势，在 2017 年达到最低水平 $[f(u) = 0.1355]$，随后，有了迅速的回升，并在 2019 年以后保持了一个相对稳定的发展水平。可以推测，2019 年是中国公共体育服务的一个"拐点"，主要原因可能是中国公共体育服务的整体均衡化、区域协调及共建共享理念等的有效实施。然而，整个中国公共体育服务的整体水平并不是很高，以 2016 年为数据测算标准年，依据 Arcgis10.2 的等级划分功能，可生产 5 种等级，依据这一标准，截至 2020 年，我国不同省份整体水平处于中等水平的等级范围，表明中国公共体育服务还需积聚扩大。

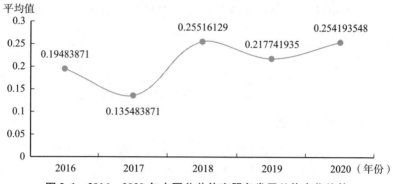

图 2.1　2016～2020 年中国公共体育服务发展总体变化趋势

同时，从表 2.2 中可以看出，省际公共体育服务水平差距还是比较大的，2016 年发展水平最低的省份为新疆（0.04），最高的为江苏（0.53），相差为 10 倍之多。同样，到了 2020 年，最低的省份为海南（0.11），最高的仍然为江苏（0.57），相差达到 5 倍之多，由此可见，不同年份之间这种差距现象还是普遍存在的。

表 2.2　　　　　　　　2016～2020 年我国 31 个省份公共体育
服务发展水平 $[f(u)]$ 统计一览

省份	年份				
	2016	2017	2018	2019	2020
北京	0.17	0.20	0.23	0.21	0.29
天津	0.14	0.15	0.22	0.13	0.20
河北	0.18	0.02	0.27	0.19	0.21
山西	0.22	0.02	0.26	0.51	0.18
内蒙古	0.16	0.07	0.17	0.13	0.19
辽宁	0.23	0.23	0.27	0.24	0.28
吉林	0.16	0.06	0.16	0.12	0.16
黑龙江	0.15	0.13	0.23	0.15	0.22
上海	0.2	0.07	0.29	0.23	0.34

省份	年份				
	2016	2017	2018	2019	2020
江苏	0.53	0.82	0.66	0.60	0.57
浙江	0.30	0.35	0.61	0.48	0.47
安徽	0.17	0.05	0.24	0.20	0.21
福建	0.25	0.01	0.23	0.18	0.20
江西	0.14	0.13	0.25	0.19	0.31
山东	0.36	0.46	0.56	0.35	0.41
河南	0.18	0.06	0.32	0.32	0.37
湖北	0.18	0.03	0.29	0.21	0.28
湖南	0.16	0.18	0.19	0.16	0.20
广东	0.35	0.25	0.46	0.37	0.39
广西	0.17	0.01	0.23	0.25	0.26
海南	0.05	0.08	0.11	0.10	0.11
重庆	0.17	0.03	0.22	0.16	0.22
四川	0.25	0.28	0.29	0.26	0.26
贵州	0.09	0.04	0.11	0.10	0.25
云南	0.17	0.06	0.28	0.22	0.19
西藏	0.04	0.01	0.08	0.08	0.21
陕西	0.20	0.06	0.17	0.17	0.21
甘肃	0.48	0.14	0.19	0.09	0.21
青海	0.10	0.14	0.11	0.11	0.17
宁夏	0.05	0.03	0.11	0.11	0.18
新疆	0.04	0.03	0.10	0.13	0.13

表2.2是根据综合发展水平函数计算得出的中国公共体育服务发展类型的时间变化特征（2016～2020年），自2016～2020年，低水平、中低水平和中等水平类型的省份变化比较大，如2017年达到中等水平

的省份仅有 5 个，发展至 2019 年达到了 15 个；再如低水平的省份在 2018 年曾一度达到 18 个，到 2020 年下降至 1 个省份。相比而言，我国中高水平和高水平的省份在各年度相对变化不大，尤其是高水平省份主要波动范围在 2~4 个省份。整体来看，我国 2016~2020 年达到中等及以上水平的省份维持在 50% 左右。

2. 中国公共体育服务发展的地区内差距及演化态势

中国不同省份公共体育服务的空间差距主要体现在三个方面：一是总体差距及演变趋势，二是地区内差距及演变趋势，三是地区间差距及演变趋势。在对 2016~2020 年的三大地区内部差异检验中发现（见表 2.3），三大地区内部均存在显著性差异，其中，三大地区的内部差异正在逐渐缩小，2016 年三大地区的差异性检验值（F 值）分别为 20.642、72.700 和 24.638，发展至 2020 年，分别降至 17.314、19.393 和 14.584，表明不同地区各省份之间的发展水平差距正在缩小。

表 2.3　　　　　　　2016~2020 年中国不同地区内部发展
水平 ANOVA 显著性差异分析（F 显著性）

年份		东部地区	中部地区	西部地区
2016	F	67.071	13.951	89.639
	Sig.	0.000	0.007	0.000
2017	F	10.742	46.506	92.527
	Sig.	0.007	0.000	0.000
2018	F	45.625	22.734	39.766
	Sig.	0.000	0.002	0.000
2019	F	29.660	45.336	69.705
	Sig.	0.000	0.000	0.000
2020	F	17.314	19.393	14.584
	Sig.	0.002	0.002	0.004

3. 中国公共体育服务发展的地区间差距及其演化

中国公共体育服务发展水平差距主要存在于东部与西部之间（见表 2.4），除 2016 年以外，不同年份均有着显著性的地区间差距，当然，从演化态势来看，呈现出缩小的一种整体变化。东部与中部地区的地区间差距也表现出整体缩小的态势，从统计学检验来看，2017 年的东部与中部地区之间的差距最大（$P = 0.068$），其余年份相对较小，发展至 2020 年，这种差距逐渐缩小（$P = 0.171$）。相比而言，中部与西部地区的差距变化相对不大，统计学显著性在 0.416 ~ 0.987 变动。

表 2.4　　　　　　　　2016 ~ 2020 年中国不同地区间

协同度 ANOVA 显著性差异多重比较（Tukey 法）

年份	东部—中部地区 *Mean Difference I - J (P)*	东部—西部地区 *Mean Difference I - J (P)*	中部—西部地区 *Mean Difference I - J (P)*
2016	0.08264 (0.147)	0.09010 (0.147)	0.00746 (0.987)
2017	0.15949 (0.068)	0.16455 (0.044)*	0.00506 (0.997)
2018	0.12069 (0.090)	0.18502 (0.004)*	0.06433 (0.482)
2019	0.05828 (0.528)	0.12698 (0.047)*	0.06870 (0.416)
2020	0.07805 (0.171)	0.10513 (0.035)*	0.02708 (0.798)

第三节　中国公共体育服务发展的空间集聚
——Moran 指数

局部空间自相关的核心是认识与地理位置相关的数据间的空间依

赖、空间关联或空间自相关,通过空间位置建立数据间的统计关系,尤其是能够从局部区域判定存在的相关关系或集聚效应,从而避免全局空间自相关带来的分析错误。为此,以 2016～2020 年数据为截面统计数据,运用 Geoda 软件将 ArcGIS10.2 中协同度数据文件(.shp 文件)导入进行局部自相关分析,空间链接规则采用 Queen 邻接(两省有公共边或公共顶点时即为邻接关系),得出 Moran 散点图(见图 2.2)和 Lisa 检验集聚效果(图略)。结果可见,在 Moran 散点图中,2016～2020 年均存在一定的局部集聚效应,各省份在四个象限中的分布并不均匀,从 Lisa 集聚图可以进一步得出,2016 年空间自相关的四种集聚类型中(H－H;L－L;L－H;H－L),除了无显著性和无邻接的省份外,H－H 集聚类型的省份有 4 个(协同度高的省份被高的省份所包围),H－L 集聚类型的省份有 1 个(协同度较高的省份被低的省份所包围)。发展到 2020 年,这种空间集聚关系发生了轻微的变化,H－H 类型仍然为 4 个(浙江、江苏、上海、山东),L－L 两个(甘肃、内蒙古)和 L－H 两个(福建、安徽),表明我国公共体育服务发展虽然表现出一定的集聚效应,但整体上 H－H 类型的空间集聚效应还没有形成。

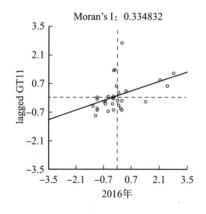

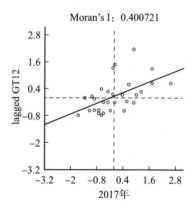

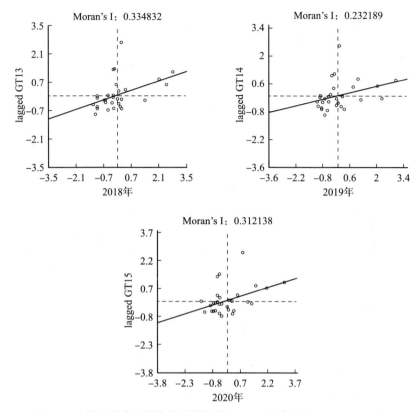

图 2.2 中国公共体育服务发展指数的 Moran 散点图（2016～2020 年）

第四节 中国公共体育服务发展的动态演化模式
——Markov 链分析

根据 Markov 过程原理，转移概率矩阵中的元素为概率，指从一种状态转移到另一种状态的可能性。本研究据此讨论了我国 31 个省份公共体育服务发展水平的初始概率分布及时序变化中的稳态分布，并根据前面划分的 5 种发展类型进行了 Markov 的状态转移概率测算，从而更加方便地判定我国公共体育服务发展水平的动态分布和长期趋势。以 2016～2020 年的状态分布为基本特点，表 2.5 测算出了我国公共体育服

务发展水平一步状态转移概率分布，从中可以看出，我国公共体育服务
建设发展水平状态转移情况并不理想，中高水平省份中有 31.25% 在当
年年末可能会转为高水平省份，但中等水平、中低水平省份仍然占有非
常高的比例，也就是说，高概率协同类型仍然集中于中等水平和中低水
平阶段。

表 2.5　中国公共体育服务发展的 Markov 链空间状态一步转移概率分布

	低水平	中低水平	中等水平	中高水平	高水平
低水平	0.3953	0.3023	0.2791	0.0233	0.0000
中低水平	0.4118	0.3725	0.1569	0.0588	0.0000
中等水平	0.1351	0.3784	0.3784	0.1081	0.0000
中高水平	0.0000	0.1875	0.1250	0.3750	0.3125
高水平	0.0000	0.2857	0.1429	0.2857	0.2857

表 2.6 是对我国公共体育服务发展的一种长期模式测度（稳态分
布，即极限概率），即如果按照此种动态演化模式发展下去，这种发展
水平将会处于何种状态的一种预测。从概率分布可以看出，如果按照当
前的这种动态演化模式发展下去，我国公共体育服务发展水平并不理
想，中高水平的状态概率比较低，与初始分布比较而言，从长期来看，
中高水平和高水平的省份会有所增加（分别为 19.55% 和 12.63%），但
比例并不是很高，绝大多数还是会集中在中等水平（40.06%）。

表 2.6　我国公共体育服务发展水平的初始分布和稳态分布一览表

	低水平（Ⅰ）	中低水平（Ⅱ）	中等水平（Ⅲ）	中高水平（Ⅳ）	高水平
初始分布	0.0322	0.2581	0.4839	0.1290	0.0968
稳态分布	0.0306	0.2470	0.4006	0.1955	0.1263

第五节 小 结

（1）从 2016～2020 年中国公共体育服务发展的时空测度来看，主要呈现五种类型，分别为低水平（Ⅰ）、中低水平（Ⅱ）、中等水平（Ⅲ）、中高水平（Ⅳ）和高水平（Ⅴ），但高水平出现频率较低，整体上我国目前各省处于中等水平发展阶段。

（2）中国公共体育服务发展的地区内差距主要表现为先降后升的特征，三大地区均表现出在 2017 年较低的特征，其中，东部地区不同协同类型之间显著性差异最大，其次是西部。另外，东部地区和西部地区的内部差距呈现出扩大化趋势，预示着地区之间的不均衡仍然是一种主要矛盾，且这也预示着动态演化模式的不理想。

（3）中国公共体育服务地区间差距主要存在于东部与西部之间（$P < 0.05$），不同年份均有着显著性的地区间差距，当然，从演化态势来看是呈现缩小的一种整体变化。由此推测，提升中国公共体育服务发展的空间状态也在于改善中西部省份之间的地区差距，尤其是西部省份在公共体育服务建设方面的提升力度。

（4）我国 31 个省（自治区、直辖市）之间还没有形成明显的集聚效应，其集聚程度表现出先下降后上升的态势。空间自相关的四种集聚类型中（H－H；L－L；L－H；H－L），除了无显著性和无邻接的省份外，主要表现出 H－H 类型（2020 年为 4 个省份），表明我国公共体育服务开始出现局部空间自相关性（同样未达显著水平），在局部区域表现出一定的集聚效应，但整体上 H－H 类型的空间集聚效应还没有形成。

（5）我国公共体育服务发展的动态演进模式也并不理想，从初始分布和稳态分布来看，如果按照当前的这种动态演化模式发展下去，将会长期处于中等发展水平。虽然中高水平类型的比例会略有增加，但比例不高，显然，这并不是要追求的一种理想状态。

第三章

作用机制：城市绿地与公共健身区协同实施的社会效应

第一节 全民健康效应

　　全民健康是城市绿地与公共健身区协同实施的宗旨之一，也是基本社会效应变量。城市绿地与公共健身区协同实施过程中，主要是需要厘清全民健身、绿色生态及两者协同对全民健康带来的积极作用。没有全民健身，就没有全民健康，体育正悄然成为人民健康幸福生活的重要组成部分，也是人民幸福感和获得感提升的重要手段和路径。同时，全民健康也离不开生态建设，实现全民健身与生态环境的协同发展对提升全民健康有着更积极的意义。

　　国外学界对三者的关系性研究相对较早，起源于 20 世纪 80 年代，以美国学者鲁尼（Rooney，1986）创办的《体育场所：一本国际性的体育杂志》为标志，逐步从生态空间的视角论及公共体育服务对提升人民健康的作用（Pamela，2013[1]；Khan，2012[2]），形成了空间扩散、空

---

① Pamela Wicker, Kirstin Hallmann, Christoph Breuer. Analyzing the impact of sport infrastructure on sport participation using geo-coded data: Evidence from multi-level models [J]. Sport Management Rev, 2013, 16 (1): 54 –67.

② Khan K, Thomfson A, Blair S, et al. Sport and exercise as contributors to the health of nations [J]. The Lancet, 2012, 380 (9836): 59 –64.

间边际及空间承载等理论观点。随着我国生态环境理念和全民健身战略的实施，三者的关系也逐渐得到越来越多的关注，但这些研究更多地集中在环境视角下的全民健身与全民健康的深度融合（刘国永，2016①；胡鞍钢，2016②），或全民健身与绿色生态协同发展的论证（孟亚峥，2014③），对绿色生态融入全民健身中的健康作用缺乏机制探讨，也缺乏三者关系的实证性证据。

全民健身与生态环境的共进与协同发展正成为当下中国的重要治理方略，生态体育的理念和制度也应运而生，体育与生态的建设规划以及体育与生态的测评正成为新的研究主题。同时，全民健身与全民健康也正步入深度融合发展阶段，2016 年 8 月，习近平总书记提出："要倡导健康文明的生活方式，树立大卫生、大健康的观念，把以治病为中心转变为以人民健康为中心……，推动全民健身和全民健康深度融合。"④围绕全面健身与全民健康融合发展的主题也逐渐展开，从体制机制、法治保障、政策体系等方面逐渐展开研究（李志刚，2018⑤；卢文云，2023⑥），研究者也在这些方面逐渐达成一致，但从目前的研究来看，在全民健身推动全民健康的过程当中，生态环境的协同发展是必不可少的条件之一，也是我国未来一段时间实现生态体育空间标准化建设的基本方向，但其作用效应还缺乏一致性的评价和认识，在推动全民健康的过程中，全民健身与生态环境的协同又发挥了什么样的作用、有效性又如何，这些还有待给出一定的量化测评。

---

① 刘国永. 推进全民健身战略，推进健康中国建设 [J]. 体育科学，2016，36（12）：3-10.
② 胡鞍钢，方旭东. 全民健身国家战略：内涵与发展思路 [J]. 体育科学，2016，36（3）：3-9.
③ 孟亚峥. 生态体育与全民健身的融合发展研究 [J]. 体育文化导刊，2014（11）：31-33.
④ 全国卫生与健康大会 19 日至 20 日在京召开，https：//www.gov.cn/xinwen/2016-08/20/content_5101024.htm.
⑤ 李志刚，李江，王正伦，等. 动态与展望：全民健身与全民健康融合的法治保障研究 [J]. 体育学研究，2018，1（3）：48-54.
⑥ 卢文云，张伟国，黄忠明. 主动健康视阈下我国体医融合健康促进体系优化研究 [J]. 天津体育学院学报，2023，38（6）：703-711.

　　基于上述三者逻辑关系的认识，课题组在前期完成全民健身与生态环境空间集聚特征研究的基础上，以全民健身、生态环境及两者协同为自变量，以全民健康发展水平为因变量，利用熵权法完成对各指标的标准化和熵值确定，继而利用综合发展水平和协同度指数进行全民健身和绿色生态对全民健康的作用探讨，并提出两者共进与协同的融合点（这里的协同是指全民健身与生态环境的协同，下文简称"协同"）。

1. 数据来源与方法选择

　　（1）数据来源。

　　本章主要从全民健身、绿色生态及全民健康三个方面进行建构，全民健身类指标依据《全民健身计划（2011－2015年）》制定，包括经常参加体育锻炼人数比例、《国民体质测定标准》总体合格达标率、每万人体育场地数、体育社团、健身设施人均建设经费、群众体育人均事业经费等指标（共7大类15项）；生态环境指标考虑到指标的获取性，同时，依据联合国环境规划署（UNEP）提出的生态环境PSR模型（pressure-state-response，压力—状态—反应）中的状态指标最终选取了建成区绿色覆盖率、人均公园绿色面积及人均绿地面积三项指标；全民健康指标依据《健康中国行动（2019－2030年）》提出的指标制定，包括人均预期寿命、人口死亡率、围产儿死亡率、居民健康素养水平、每千常住人口职业（助理）医师数等指标（共8项指标，具体见表3.1）。在确立三类指标的基础上，依据2020年公布的《体育事业统计年鉴》《中国体育年鉴》《中国环境年鉴》《人口就业统计年鉴》等指标的来源统计，数据范围为31个省（自治区、直辖市），不包括中国香港、台湾、澳门。同时，本研究根据我国国家统计局对我国东部、中部和西部地区的划分，对区域空间格局展开量化测评。

表 3.1　　全民健身、绿色生态及全民健康综合发展水平评价指标体系

维度	指标（序号）	属性	单位
全民健身	经常参加体育锻炼人数比例（1）	+	%
	《国民体质测定标准》达标率（2）	+	%
	每万人体育场地数（3）	+	个
	人均体育场地面积（4）	+	平方米
	省区市、乡镇体育健身工程（5）	+	百个
	省区市、乡镇健身路径工程（6）	+	千个
	青少年体育俱乐部（7）	+	百个
	体育组织数量（8）	+	千个
	获得技术等级证书的社会体育指导员数（9）	+	万名
	每年接受体质测试人数（10）	+	万名
	体质监测站点数量（11）	+	百个
	体育社团（12）	+	百个
	健身设施人均建设经费（13）	+	元
	群众体育人均事业经费（14）	+	元
	彩票公益金用于全民健身工作投入比例（15）	+	%
生态环境	建成区绿化覆盖率（16）	+	%
	人均公园绿地面积（17）	+	平方米
	人均绿地面积（18）	+	平方米
全民健康	人均预期寿命（19）	+	岁
	人口死亡率（20）	−	%
	围产儿死亡率（21）	−	%
	《国民体质测定标准》达标率（22）	+	%
	居民健康素养水平（23）	+	%
	经常参加体育锻炼人数的比例（24）	+	%
	每千常住人口职业（助理）医师数（25）	+	人
	个人卫生支出占卫生总费用的比重（26）	−	%

注：健身设施人均建设经费根据《体育事业统计年鉴》中村级农民体育健身工程投资总额、乡镇体育健身工程总额、省区市全民健身路径工程总额和省区市全民健身活动中心四部分的总和，然后除以当年省份总人口计算得出；群众体育人均事业经费根据《体育事业年鉴》中当地的事业性财政投入总额除以当年各省份人口计算得出；"＋"代表该指标与发展水平方向一致；"—"代表该指标与发展水平呈反向变化。

（2）方法选择。

综合发展水平与协调度模型：其中熵权法和综合发展水平测算公式见本书第二章（本部分不再赘述），协同度测算模型见公式（3.1）和公式（3.2），协同度是表示两个系统或多个系统之间的协同程度（根据系统数确定 K 值），通过协同度（C，取值 $0 \sim 1$）和协调发展度（D）来具体表示。

关于两系统协同度测算公式［公式（3.1）］，可计算出全民健身与生态环境二者协同度：

$$c = \left[\frac{f(u) \times f(e)}{[f(u) + f(e)/2]^2} \right]^k \tag{3.1}$$

同时，由于协同度 c 难以反映出两系统的整体协同发展水平的高低，所以需采用协同发展度模型来测评［见公式（3.4）］：

$$D = \sqrt{c \times T}, \quad T = \alpha f(u) + \beta f(e) \tag{3.2}$$

协同度 c 的取值在 $0 \sim 1$；$K(k \geqslant 2)$ 为协同系数，用来调节评价结果的区分度。由于中国不同省份全民健身发展水平与生态环境发展水平可以看作隶属两个系统，所以此处取 $K = 2$。另外，研究中使用 Arc-GIS10.2 完成空间格局分布及综合水平等级划分。

OLS 多元线性模型：线性模型的最大优点是可以很好地考察不同变量之间对因变量的影响作用程度，为此，结合格罗斯曼（Grossman，1972[①]）提出的健康影响因素模型（该研究主要从健康状况、医疗服务获得状况、环境变量及个体地位等方面进行了线性模型考察），本书构建了下列实证模型，同时，为了克服数据的异质性，采用稳健标准误（Robust）进行分析（stata15.0 完成）：

$$NH_i = \delta NF_i + \beta_1 GE_i + \beta_2 C_i + \varepsilon_i \tag{3.3}$$

$$NH_i = \delta NF_i + \beta_1 GE_i + \gamma NF_i \times GE_i + \beta_2 C_i + \varepsilon_i \tag{3.4}$$

$$NH_i = \delta NF_i + \beta_1 GE_i + \beta_2 D_i + \beta_3 C_i + \varepsilon_i \tag{3.5}$$

[①] GROSSMAN M. On the concept of heath care and the demand for health ［J］. Journal of Political Economy, 1972, 80: 223 - 255.

式中 *NH*（National Health）代表全民健康，*NF*、*GE* 和 *C* 分别表示全民健身、生态环境及控制变量。式（3.3）中我们关注系数 δ 和 β_1，由于 *NH* 为正向健康指标，所以如果 $\delta > 0$ 或 $\beta_1 > 0$，意味着全民健身具有增强效应；在式（3.4）中，我们更加关注 *NF* 与 *GE* 的交互效应系数 γ，如果 $\gamma > 0$，意味着随着社会生态环境的提高，全民健身带来的全民健康作用更加明显，这意味着全民健身在提高全民健康的深度融合中更需要生态环境的加入；在式（3.5）中更关注 β_2，如果 $\beta_2 > \delta$ 或 β_1，表明全民健身与绿色生态协同度的意义更为重大。

同时，在文中对观察数据进行了稳健性检验，其中，使用的方法通常有工具变量（IV 法）和倾向得分匹配法（propensity score matching，PSM），由于 IV 法主要对存在内生性问题的样本数据进行检验，本研究主要使用的省际数据和统计年鉴数据，不存在样本选择性偏误导致的内生性，为此，本研究在 OLS 模型的基础上使用 PSM 法进行稳健性检验，该方法已在考察因果效应的研究中得到广泛应用，其中，本研究使用的匹配方法为近邻匹配［命令：neighbor（1∶4）法］、半径匹配［命令：radius caliper（0.01）］及核匹配（命令：kernel）三种，运用 bootstrap 验证获得 ATT（Average Treatment Effect on the Treated，平衡处理效应）标准误，其中，reps 设置为（200），变量的分组设置为中等水平及以下编码为 0，较高水平和高水平编码为 1，运行软件 stata15.0。

2. 不同变量对全民健康的作用机制

（1）不同变量的综合水平与空间格局。

根据对全民健身、生态环境、协同发展及全民健康的综合发展水平测算来看，结合 ArcGis 空间分析工具对综合发展水平的等级划分，根据自然间断点分级法从低值到高值将其分为 5 个等级的水平区，并据此初步将以上四者划分为 5 种等级，即低水平（I 型）、较低水平（II 型）、中等水平（III 型）、较高水平（IV 型）及高水平（V 型）。从目前全国各省份来看，全民健身达到较高水平及高水平的省份为 7 个（仅占 22.6%），其中东部省份 5 个；绿色生态达到较高及高水平的省份为

8个（占25.8%），其中东部省份6个；全民健康达到较高和高水平的省份为12个（占38.7%），东部省份占到6个；协同度达到较高水平和高水平的省份为8个（25.8%），其中东部省份占6个。据此，我国全民健身、生态环境、全民健康及协同发展等方面东部均优于中西部地区，尤其是东部与西部之间的差距明显。

同时，对全民健身、生态环境与全民健康的关系进行了统计（见图3.1），从中可见，全民健身和生态环境的单方面水平对全民健康的作用是有限的，随着生态环境和全民健身水平的提高，全民健康水平整体呈现提升态势，两者的协同提升是促进全民健康的重要因素。

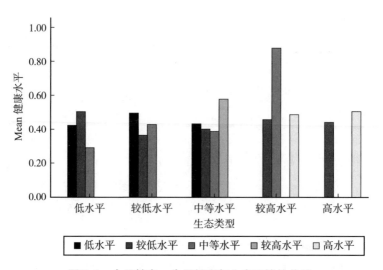

图3.1　全民健身、全民健康与生态环境的关系

（2）全民健身对全民健康的作用机制。

从全民健身作用的全样本来看呈现显著的正向作用（作用系数为0.07，见表3.2），即全民健身每提高1个单位，全民健康提升0.07个单位，但从各地区来看，东部和中部呈现出正向作用，西部地区呈现出显著负向作用，且从全样本来看，西部地区的作用显著弱于东部地区（作用系数为 -0.036，西部编码为3，东部编码为1），预示着我国西部

地区在单纯发展全民健身事业上的作用不明显，至少目前的作用还不理想。从后面的健康类型分析来看，也得出了同样的结果。同时，从各模型的预测率来看，全样本的预测率分别达到了42.78%和43.52%，一方面表明全民健身对全民健康的显著意义，另一方面表明了这种显著性存在地区之间的显著差异。

表3.2 全民健身与全民健康关系的空间比较

变量	健康得分				健康类型			
	东部	中部	西部	全样本	东部	中部	西部	全样本
健身	0.009 (0.029)	0.008 (0.014)	− 0.042 * (0.017)	0.070 ** (0.024)	0.051 (0.273)	0.192 (0.236)	− 0.856 ** (0.246)	0.556 * (0.213)
健身 × 地区				− 0.036 *** (0.008)				− 0.383 *** (0.085)
截距	0.542 *** (0.097)	0.412 *** (0.048)	0.457 *** (0.036)	0.479 *** (0.062)	3.842 ** (0.892)	2.651 * (0.840)	4.007 *** (0.632)	3.485 *** (0.514)
R^2	0.0046	0.0211	0.2199	0.4278	0.0034	0.0336	0.3358	0.4352

注：东部、中部和西部的编码分别为1、2、3，下同。

3. 生态环境对全民健康的作用机制

在城乡转型和新型城镇化建设的今天，生态环境建设对全民健康的作用也越来越凸显，因此，这里考察生态环境与全民健康存在的关系及作用。从全样本模型统计来看（见表3.3），生态环境对全民健康的作用呈现显著积极作用（0.451），表明生态环境每提高1个单位，全民健康可提升0.451个单位，但这一作用机制恰恰与全民健身的作用相反，对我国东部地区而言，生态环境的意义则并不明显，预示着我国东部地区需要在生态环境建设上作出更多的努力。从生态环境与地区的交互效应来看，同样呈现出显著的作用，预示着在这一点上东部地区还落后于西部地区，且从健康得分和健康类型的解释率来看，分别达到了33.82%和27.64%，预示着生态环境对健康的积极意义，且这种显著作用同样存在地区显著差异。

表 3.3 　　　　　　生态环境与全民健康关系的空间比较

变量	健康得分				健康类型			
	东部	中部	西部	全样本	东部	中部	西部	全样本
生态	-0.031 (0.023)	0.024 (0.012)	0.022* (0.017)	0.451* (0.026)	-0.375 (0.273)	0.663* (0.296)	0.234 (0.312)	0.478* 0.231
生态× 地区				0.232** (0.007)				0.245* (0.082)
截距	0.692*** (0.082)	0.357*** (0.047)	0.326*** (0.036)	0.433*** (0.070)	5.339*** (0.712)	1.346 (1.033)	1.523* (0.681)	3.014*** (0.732)
R^2	0.0783	0.2934	0.1309	0.3382	0.1873	0.4015	0.0383	0.2764

4. 协同发展对全民健康的作用机制

从前面的统计发现，全民健身与绿色生态的协同共进可能会有着更重要的作用和意义，这也是我国《全民健身计划（2016－2020 年）》中明确提出城市绿地与公共健身场地协同实施的总体指导思想。从统计结果来看（见表 3.4），全样本模型呈现出显著的正向积极作用（0.567），即协同度每提升 1 个单位，全民健康的作用提升 0.567 个单位，这一作用高于全民健身或绿色生态的单变量影响，预示着两者的协同程度更具时代价值。同时也发现，这种协同机制在东部和中部地区存在正向意义，但对西部地区存在负向意义，且解释率达到 41.83%。结合全模型来看，预示着这种协同程度在西部地区表现得还非常不足，相较于东部和中部地区，更加需要关注两者的协同程度。同时，全民健康得分较高的往往是绿色生态和全民健身处于较高水平的情况，预示着绿色生态和全民健身的共同进步对全民健康的显著意义。

表 3. 4   全民健身与绿色生态协同发展对全民健康关系的空间比较

变量	健康得分				健康类型			
	东部	中部	西部	全样本	东部	中部	西部	全样本
协调	0.012	0.014	-0.032*	0.567*	0.013	0.196	-0.738*	0.545**
	(0.027)	(0.012)	(0.026)	(0.027)	(0.257)	(0.226)	(0.256)	(0.183)
协调×地区				-0.032**				-0.356***
				(0.009)				(0.072)
截距	0.523***	0.412***	0.471***	0.464***	4.011***	2.582*	3.856***	3.327***
	(0.093)	(0.045)	(0.047)	(0.039)	(0.870)	(0.842)	(0.731)	(0.478)
R^2	0.0116	0.0285	0.2241	0.4183	0.0134	0.0722	0.2838	0.4214

5. 交互效应的作用机制

前面考察了不同变量及不同变量与地区的交互效应，这里综合考察变量的作用效应及交互效应，进一步将上述变量及交互变量共同引入模型，观察交互效应是否依然存在？各变量的作用又如何？从健康得分和健康类型的模型来看（见表 3.5），全民健身、生态环境与协同程度对全民健康存在着一定的影响，但均未达到显著水平，协同程度对全民健康的作用明显优于全民健身与生态环境的单方面作用程度；在引入交互效应变量后，生态环境的作用程度发生了显著变化，表现出对健康的显著正向意义，表明生态环境会受到地区之间交互变量的显著影响，但协同程度的作用依然最为突出，协同程度与地区的交互效应存在显著的负向意义，表明东部地区显著地优于西部地区。

表 3.5   交互效应对全民健康关系的空间比较

变量	健康得分		健康类型	
	(1)	(2)	(3)	(4)
健身	0.024	0.313	0.083	0.822
	(0.082)	(0.176)	(0.613)	(1.335)

续表

变量	健康得分		健康类型	
	(1)	(2)	(3)	(4)
生态	0.004 (0.022)	0.173 ** (0.057)	0.075 (0.278)	1.056 * (0.583)
协调	0.073 (0.087)	0.529 * (0.242)	0.114 (0.613)	2.295 (1.586)
健身 × 地区		0.111 (0.083)		0.048 (0.575)
生态 × 地区		0.068 ** (0.032)		0.453 * (0.238)
协同 × 地区		− 0.213 (0.097)		− 0.827 (0.632)
截距		0.513 *** (0.046)		3.633 *** (0.715)
R^2		0.6231		0.4893

6. 稳定性检验

为了能够对上述解释进一步给出因果关系的分析，解决观察数据的选择偏误问题，以获得更为确切的因果关系评估，本研究在这里采用倾向得分匹配（PSM）进行检验，并在 OLS 模型的基础上，进一步对结果进行稳健性检验（见表 3.6）。匹配方法主要选择了近邻匹配（1∶4）、半径匹配和核匹配，结果表明，全样本表现出健身对健康的作用系数为 0.258，生态环境对健康的作用为 0.342，协同程度的作用为 0.703，虽然表现出与 OLS 模型存在一定的出入，但整体上满足匹配参照的需求；从全样本匹配来看，各作用系数呈现出 OLS 模型的一致性，PSM 模型进一步表明了全民健身、生态环境及协同程度对全民健康的作用，尤其是协同程度的积极意义，并且也揭示了地区之间在不同方面的显著差异。

表 3. 6 倾向得分匹配法结果

变量		近邻匹配（1:4）			半径匹配			核匹配		
		ATT	*S. E.*	$P > \|Z\|$	*ATT*	*S. E.*	$P > \|Z\|$	*ATT*	*S. E.*	$P > \|Z\|$
全样本	健身	0. 287	0. 268	0. 034	0. 258	0. 217	0. 043	0. 256	0. 218	0. 047
	生态	0. 152	0. 246	0. 033	0. 342	0. 201	0. 012	0. 342	0. 185	0. 017
	协同	0. 522	0. 006	0. 001	0. 703	0. 004	0. 001	0. 703	0. 004	0. 001
地区 1	健身	0. 154	0. 312	0. 669	0. 135	0. 296	0. 674	0. 135	0. 297	0. 636
	生态	0. 211	0. 299	0. 670	0. 170	0. 296	0. 661	0. 171	0. 296	0. 669
	协同	0. 512	0. 007	0. 048	0. 401	0. 003	0. 054	0. 407	0. 008	0. 037
地区 2	健身	0. 254	0. 561	0. 466	0. 304	0. 541	0. 430	0. 303	0. 542	0. 476
	生态	0. 753	0. 252	0. 001	0. 812	0. 232	0. 007	0. 807	0. 201	0. 004

注：地区 2 在高分组协同上未能有样本数据，地区 3 因为在健身、生态、协调及健康高分组上未存在样本数据，为此未能计算匹配。

第二节　健康不平等效应

随着社会的进步与发展，人们的各种价值观念也在逐渐发生着前所未有的变化，人类一直所追求的健康也是如此，即：从原先简单地认为身体健康这一单一维度逐渐转变为社会、心理、生理等多维度的综合体现。基于安德森（Andersen，1995①）所构建的健康模型理论，其健康模型包括四个主要成分，即：环境因素、人群特征、健康行为和健康结果。因此，除人群特征外（如性别、婚姻、年龄、工作等），对居民健康的影响因素可以归纳出两条重要路径：其一是"结构主义路径"，其二是"个体主义路径"。"结构主义路径"关注的是环境结构对个体健康的约束，如生态环境、社会环境等；而"个体主义路径"则侧重于个体的行为反应对健康的解释，如参加体育运动、食用绿色蔬菜、避免

---

① ANDERSEN R M. Revisiting the behavioral model and access to medical care：does it matter? [J]. J health soc behav, 1995, 36 (1)：1 – 10.

抽烟酗酒等（不健康行为）。基于此，本研究从结构主义路径与个体主义路径的双视角出发，选取对健康具有重要影响的生态环境与体育活动因素，关注的问题如下：（1）生态环境视角下是否存在居民的健康不平等现象？（2）这一现象的环境性致因是否具有异质性？（3）在既定的生态环境下，居民的体育活动行为能否有助于缓解、抵消或打破这种现象带来的影响？至此，以上议题呈现出一幅复杂图景：将人们的健康问题引入到结构主义与个体主义视角当中，并采用具有社会结构性的生态环境和具有个体能动性的体育活动相结合的方式寻找一种全新阐释，以便更好地反映出城市绿地（生态环境变量）与公共健身区（体育活动变量）协同实施可能带来的社会效应问题。

1. 理论分析与研究假设

20 世纪初，西方学者便已开始了对生态环境方面的健康研究。同时，生态环境所引发的健康不平等话题也是我国亟须面对的现实问题。齐良书（2008[①]）的研究指出，环境污染对居民的健康状况具有显著的负向影响。董德龙（2019[②]）等的研究认为，绿色生态环境建设对人们的健康行为与健康状况也具有重要的积极意义。因此，进一步探讨影响我国居民健康的环境致因就显得尤为重要。同时，如果将健康不平等理解为韦伯所说的生活机会不平等，那么因生态环境所形成的居民健康不平等就是由于社会成员所处不同生态环境的机会不同，从而使他们在健康收益之间存在不平等。基于此，我们提出如下假设：

假设 1：生态环境对居民健康具有积极的正向影响，从而呈现了生态环境下居民的健康不平等现象。

相关研究指出：单纯的对生态环境与健康之间的关系进行探讨，并通过制定优化生态环境政策来规避健康风险可能面临着较高的经济成

---

① 齐良书. 经济、环境与人口健康的相互影响：基于我国省区面板数据的实证分析 [J]. 中国人口·资源与环境，2008，18（6）：169－173.
② 董德龙，于永平，梁红梅. 全民健身与绿色生态协调发展的时空特征 [J]. 成都体育学院学报，2019，45（4）：47－53.

本。健康是"生理、心理以及社会"等多维度的综合体现，居民的体育活动作为以生理为基础、以心理为中介、以社会为延伸的重要社会行为之一，正以自身独特的魅力影响着居民的健康。基于"生理—心理—社会"多维度的健康理论，体育活动对健康的影响研究也主要从这三个方面展开。从生理视角来看，刘春霞（2006[①]）的研究指出，体育锻炼对增加身体健康的积极作用。就心理视角来讲，心理健康是对生活适应的一种良好状态，其含义应该是具有良好的社会认知、控制不良情绪以及很好的社会适应能力。在此，中国学者与西方学者均认为，体育活动在增强身体素质的同时，还能够消除精神紧张与压力、降低抑郁，来提高人们的健康状态（魏云贵，2001[②]；霍芹[③]，2007；Khan，2012[④]）。从社会视角来说，仇军（2012[⑤]）、董德朋（2021[⑥]）等的研究均证明了居民体育活动可以通过增强社会信任、社会资本以及社会网络来提升他们的健康状态。由此来看，居民体育活动对身体健康状态的影响可以从直接和间接的角度加以实现。

但在这里，与以往研究不同的是，本书基于对假设1的论述，从结构主义理论与个体主义理论的视角出发，将居民体育活动与健康状态之间的关系置于生态环境下，来对其进一步探讨，并将问题集中于"在既定的生态环境下，居民体育活动能否有助于缓解、抵消或逆转因生态环境所导致的健康不平等现象？"这一问题，却是以往研究不曾涉及的。针对这一问题的探讨将具有如下贡献，其一：从生态环境所带来的健康不平等边界出发，为居民体育活动与健康之间的重要关系提供进一步的

---

① 刘春霞. 体育锻炼对增进身体健康的作用［J］. 新课程（教师版），2006（2）：46 - 47.

② 魏云贵，谭明义. 学校体育的育人功能与优势［J］. 上海体育学院学报，2001，25（5）：198 - 199.

③ 霍芹，何万斌. 社区居民的体育参与及其与心理健康效益的关系研究［J］. 台州学院学报，2007，29（3）：80 - 84.

④ Khan K，Thomfson A，Blair S，et al. Sport and exercise as contributors to the health of nations［J］. The Lancet，2012，380（9836）：59 - 64.

⑤ 仇军，杨涛. 体育与社会资本研究述评［J］. 体育学刊，2012，19（5）：14 - 21.

⑥ 董德朋. 生命历程视角下居民体育参与打破了健康的阶层不平等吗？［J］. 上海体育学院学报，2021，45（8）：73 - 86.

新证据；其二，居民在既定的生态环境约束下，其体育活动行为对健康的影响究竟具有多大效能（缓解、抵消或逆转）一直缺乏量化依据，这里将为其提供经验证据；其三，为"生命在于运动"这一体育哲学健康生命观贡献一个有力支点。基于此，我们提出如下可能假设：

假设2：居民体育活动能够缓解因生态环境所导致的健康不平等现象，即表现为：身处较差生态环境下的居民如果具有良好的体育活动行为，那么他们将缩短与身处优良生态环境下群体的健康差距。

假设3：居民体育活动能够抵消因生态环境所导致的健康不平等现象，即表现为：身处较差生态环境下的居民如果具有良好的体育活动行为，那么他们的健康状况将与身处优良生态环境下的非体育活动群体表现出相似的健康状态。

假设4：居民体育活动能够逆转因生态环境所导致的健康不平等现象，即表现为：身处较差生态环境下的居民如果具有良好的体育活动行为，那么他们的健康状况将优于身处优良生态环境下非体育活动群体的健康状态。

2. 研究资料与方法

（1）资料来源。

本研究所选用的样本来源于中国综合社会调查（Chinese General Social Survey，CGSS）2020年公布的数据，该年的CGSS采取了不等概率的整群抽样方案，通过剔除缺失值、异常值后，共获取4091个有效样本，其中，坚持参与体育活动的群体包括1464个，占总样本量的35.8%，非体育活动群体2627个，占总样本量的64.2%。

（2）主要变量。

①因变量。

世界卫生组织指出：健康不仅是躯体的强健，还是自身心理与精神达到适应社会的良好平衡状态。由此可见，随着社会的发展，仅从生理上评价健康已不能满足人们对健康的真正要求，健康观念已由原先的"无疾病即健康"到"多元身心健康"的认知转变。基于此，本研究选取 CGSS 中的两个指标来对居民的身心健康状态进行评价。本研究将健康状态采用身体健康与心理健康之和来代表（得分范围：2～10 分）。

②自变量。

第一，生态环境。本研究选取 CGSS 中的"我对我周围的自然环境感到满意"进行评价（1～6 分评定），数据越大代表生态环境越好。第二，体育活动。采用 CGSS 中的相关体育活动指标，问题是："在过去一年中，您是否经常在空闲时间从事体育活动?"，回答采用"每天"（1 分）、"一周数次"（2 分）、"一月数次"（3 分）、"一年数次或更少"（4 分）、"从不"（5 分）来表示。基于这一问题，本研究将是否坚持体育活动的人群操作化为：将一月数次及以下进行体育活动的居民为非体育活动群体（用编码 1 表示）；每周数次及以上进行体育活动的居民为体育活动群体（用编码 2 表示）。

③控制变量。

从既有研究资料来看，人们健康的影响因素众多，其中性别、户籍、教育、年龄、婚姻以及收入等人口统计学变量均是重要的影响因素。因此，选取的人口统计学变量如下：性别（女性 =1，男性 =2）、户籍（农村 =1，城市 =2）、婚姻（未婚 =1，结婚 =2）、工作（无工作 =1，有工作 =2）、民族（其他民族 =1，汉族 =2）、政治面貌（非党员 =1，党员 =2）、教育程度（未受过任何教育 =1，小学 =2，初中 =3，高中 =4，大学专科 =5，大学本科及以上 =6）、年龄以及收入等，具体信息见表 3.7。

表 3.7　　　　　　　　研究样本特征情况一览表

变量	操作化	均值	最小值	最大值	标准差
性别	女性 =1 男性 =2	1.5438	1	2	0.4981
年龄	岁	46.8213	17	96	15.7653
民族	其他民族 =1 汉族 =2	1.9175	1	2	0.2751

续表

变量	操作化	均值	最小值	最大值	标准差
户口	农村 = 1 城市 = 2	1.5188	1	2	0.4997
婚姻	未婚 = 1 已婚 = 2	1.8106	1	2	0.3919
教育程度	未受过任何教育 = 1 小学（私塾、扫盲班）= 2 初中 = 3 高中（普通、职业、中专、技校）= 4 大学专科 = 5 大学本科及以上 = 6	3.5022	1	6	1.4696
政治面貌	非党员 = 1 党员 = 2	1.1329	1	2	0.3395
工作状态	无工作 = 1 有工作 = 2	1.6616	1	2	0.4732
收入状况	对数处理：ln（收入 + 1）	8.8088	0	13.82	3.1596
健康状态	身体健康 + 心理健康	7.8459	2	10	1.6668
体育活动	非体育活动群体 = 1 体育活动群体 = 2	1.2300	1	2	0.4208
生态环境	得分越高越好	4.1359	1	7	1.9654

（3）研究方法。

根据格罗斯曼提出的健康生产函数，本部分首先构建了用于识别生态环境、体育活动等因素对居民健康产生影响的基准模型，具体如下：

$$Health_{ti} = B + \alpha Environment_i + \beta Sport_i + \sum_{j=1}^{M} \pi_i X_i + \varepsilon_i \quad (3.6)$$

为了进一步分析生态环境、体育活动对居民健康的影响以及分化机制，本研究构建了如下回归方程：

$$Health_{ti} = B + \alpha\, Environment_i + \beta\, Sport_i + \gamma\, Environment_i \times$$

$$Sport_i + \sum_{j=1}^{M} \pi_i\, X_i + \varepsilon_i \quad (3.7)$$

模型中，*Health* 表示个体的健康状况，*Environment* 代表生态环境状况，Sport 代表体育活动，X_i 是控制变量（包括性别、户籍、婚姻、教育以及年份特征等）。α、β、γ 为相关变量的偏效应参数，ε 为残差项。其中，Environment $\times$ Sport 的交互项主要用以反映生态环境与体育活动对个体健康的协同影响作用，能解释人们在生态环境下健康获益的个体体育活动情况差异。同时，由于在医学社会学、健康社会学领域中，采用 1 ~ 5 分测评的自评健康作为因变量来构建模型时，学者们认为将其视为连续变量和定序变量来处理所得的结果是一致的，并为了模型的简化与解读，通常将其视为连续变量来处理，我国大多数学者在对居民健康进行相关研究时，也延续了这一传统。因此，本研究也将其视为连续变量进行操作化分析。

3. 研究结果

（1）生态环境下居民的健康不平等。

研究将综合生态环境划分为较差（4 分以下）、良好（4 ~ 5 分）与优秀（5 分及以上）等不同等级，并将不同生态环境下居民的健康状况差异进行了对比分析（见表 3.8）。结果显示，仅发现身处较差生态环境下居民的健康状况与身处优秀生态环境下居民的健康状况之间存在显著性差异（1.61 ± 0.03，1.79 ± 0.51，$p < 0.05$），其他组别之间并未出现显著性差异（$p > 0.05$），但这一结果仍然显示了在不同生态环境下居民健康不平等现象的存在。

表 3.8　　　　　　　　生态环境下居民健康状况的差异分析

	等级（N）	健康状况	组别比较	P	差值95%的置信区间	
		平均值			上	下
生态环境	较差（2229）	1.61 ± 0.03	差＆良	0.324	− 0.0423	0.1757
	良好（3027）	1.65 ± 0.03	差＆优	0.028 *	0.0129	0.2905
	优秀（1228）	1.79 ± 0.51	良＆优	0.287	− 0.0471	0.2172

注：* 代表 $p < 0.05$。

（2）是—非体育活动群体的健康差异。

表3.9显示，经常参与体育活动的群体比非体育活动群体具有更高的健康表达（$F = 12.35$，$p < 0.001$）。这一结果为居民的体育活动能否缓解、抵消或逆转因生态环境所导致的健康不平等提供了可能，而对本研究相关假设的检验则需要在控制更多影响健康变量的同时，来深入探讨生态环境与体育活动对健康的独立影响与交互效应，才能得到更为客观的结果。

表3.9　　　　　　　　　　居民体育活动与否的健康差异

居民体育活动（N）	居民健康状况	F	P	95% 置信区间	
	Mean ± SE			Lower	Upper
体育活动群体（1491）	8.05 ± 1.59	12.35	0.000	− 0.3555	− 0.1631
非体育活动群体（4993）	7.79 ± 1.68				

（3）生态环境、体育活动对健康影响的多层回归分析。

采用多元分层回归方程的方法（见表3.10），在对相关变量进行有效控制的基础上，采用逐步引入的方式对综合生态环境模型（模型1～模型4）与异质性生态环境模型（模型5～模型6）进行了分析，且基于 Tolerance < 0.1 与 VIF > 5 的标准判定了所涉及的变量不存在多重共线性问题，每个模型均含有体现个体特征的控制变量，用来增强回归结果的稳健性。同时，笔者还做了一个重要操作，即：剔除对健康无影响的变量，从而形成最优模型。基于模型1～模型3，研究发现：在控制相关变量的基础上，生态环境（$\gamma = 0.031$，$p < 0.05$）与体育活动（$\gamma = 0.066$，$p < 0.001$）对人们健康状态的影响均具有显著性，且两者对居民健康的交互影响存在显著性（$\gamma = 0.034$，$p < 0.05$），从而验证了假设1，说明在优良的生态环境下，经常参加体育活动的群体将具有更高的健康回报。

表 3.10　　　　　　　分层回归模型分析结果一览表

变量	模型 1	模型 2	模型 3	模型 4
常数	7.162 *** (0.210)	7.156 *** (0.210)	6.973 *** (0.204)	7.032 *** (0.216)
性别	0.004 (0.042)			
年龄	− 0.248 *** (0.002)	− 0.251 *** (0.001)	− 0.262 *** (0.001)	− 0.257 *** (0.001)
民族	0.032 ** (0.072)	0.033 ** (0.072)	0.033 ** (0.072)	0.032 ** (0.072)
户口	0.030 * (0.048)	0.033 * (0.048)	0.022 (0.048)	
婚姻	0.051 *** (0.052)	0.054 *** (0.051)	0.056 *** (0.051)	0.054 *** (0.051)
教育程度	0.091 *** (0.018)	0.102 *** (0.018)	0.090 *** (0.018)	0.099 *** (0.016)
政治面貌	0.021 (0.062)			
工作状态	0.020 (0.052)			
收入对数	0.081 *** (0.007)	0.093 *** (0.006)	0.094 *** (0.006)	0.096 *** (0.006)
生态环境		0.031 * (0.029)	0.031 * (0.029)	
体育活动			0.066 *** (0.049)	0.064 ** (0.082)
生态环境×体育活动				0.042 * (0.012)
R^2	0.322	0.323	0.329	0.331
ΔF	83.792	6.232	28.488	5.937
p	0.000	0.013	0.000	0.003

注：$n=6484$；双尾检验：* 代表 $p<0.05$，** 代表 $p<0.01$，*** 代表 $p<0.001$；括号内数字为标准误。

　　根据模型 4 的结果,绘制了图 3.2。从图 3.2 中我们可以得出如下现象:①身处良好的绿色生态环境下居民的健康状态较好,表现出居民因所处绿色生态环境的不同形成了健康不平等现象。②无论居民所处绿色生态环境如何,其经常参与体育活动的居民比不参与体育活动的居民将得到更高的健康回报。③尽管因生态环境导致了居民的健康不平等,但仍然存在身处较差绿色生态环境下的居民如果经常参与体育活动,那么他们的健康状况将与身处优良生态环境下而又不经常参与体育活动群体表现出相似或更优的健康状况,如:较差生态环境 1 处经常参与体育活动群体的健康状况 1 与优良生态环境 2 处不经常参与体育活动群体的健康状况 2 一样,而其他生态环境得分下则均表现出前者比后者更优的健康状况。

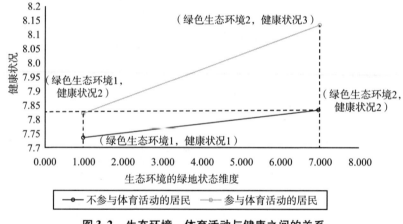

图 3.2　生态环境、体育活动与健康之间的关系

　　那么,为了探究较差绿色生态环境下经常参与体育活动的居民与身处优良生态环境下不经常参与体育活动群体的健康状况,进一步制作了图 3.3。结果显示,身处较差绿色生态环境下经常参与体育活动群体的健康状况显著优于身处优良生态环境下而不参加体育活动群体的健康状况。因此,结果验证了假设 4,并推翻了假设 2 和假设 3,即:居民的体育活动能够逆转因生态环境所导致的健康不平等现象。

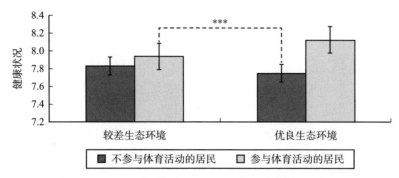

图 3.3 身处较差环境下的体育活动群体与优质环境下的
非体育活动群体的健康比较

注：由左至右的数据依次为：7.83±1.62；7.94±1.56；7.75±1.72；8.13±1.62。

4. 讨论

研究结果验证了人们的体育活动行为能够逆转因生态环境所导致的健康不平等现象，表现为：身处较差生态环境下的居民如果具有良好的体育活动行为，那么他们的健康状况将优于身处优良生态环境下非体育活动群体的健康状态（推翻了假设2、假设3，验证了假设4）。这一结果说明，尽管结构主义路径中的生态环境能够造成居民的健康不平等现象，但个体主义路径中的个人自身能动性行为将成为居民打破这一处境的重要选择。正如人们所说："最重要的不是自己的处境如何，而是你如何看待自己的处境，能否在既定的框架限制中实现寻求自由。"这一人生哲理所表达的正是：你的处境可能使你不利，但人的能动性决定了你是否能够突破这一局限。

既然健康是生理、心理、社会等多维度的综合体现，那么出现以上结果的原因也应由此来进行解释：其一，当生态环境主要从生理、心理等维度对居民的健康产生间接影响时，体育活动则从三维视角出发对健康产生了更多维度的综合影响。如帕特南（Putnam[①]）等的研究指出，

---

① ［美］罗伯特·帕特南. 使民主运转起来 ［M］. 王列，赖海榕，译. 北京：中国人民大学出版社，2015.

体育活动作为社会参与的一种健康行为，不仅提高了人们的身体健康水平，还可以拓展社交网络、增进相互信任、提高社会资源从而进一步提高人们的社会、心理健康，后续的伯内特、周洁友等也相继证明了他的这一观点。由此来看，体育活动将比生态环境影响更多维度的健康表达。其二，体育活动作为重要的社会行为之一，在对健康具有外显机制的同时，更重要的是具有更为直接的内显机制，即：可以直接通过提高人们的代谢水平、肌肉力量以及心肺功能来提升健康状态。正如卡思等所述，体育活动通过影响人体的机能与代谢水平，抵御了疾病的发生，保持了健康水平。其实，在人们的生命历程中，身体健康是做好其他事情的基本前提，而随着年龄的老去，身体机能下降、心肺代谢不足以及肌肉力量萎缩等这些问题将逐渐凸显，此时，体育活动的内显机制作用就尤为重要。

由此看来，无论是从健康这一因变量的多维角度来看，还是从生态环境与体育活动对健康的直接、间接作用路径来讲，人们的体育活动均能更为多维、更为直接、更为有意地影响人们的健康。尤其是人们在随着年龄老去的过程中，体育活动从身体机能、代谢水平以及肌肉力量等方面带来的健康回报将直接反作用于因年龄的老去所带来的健康影响。同时，研究还发现了一个不太明显的事实，即生态环境与体育活动对居民健康具有显著的交互影响，也即生态环境良好的情况下进行体育活动将对健康具有更为积极的现实意义。以上结果给我们的政策启示是：在我国的城市化建设过程中，应该遵循以人为本、需求导向原则，通过建设森林公园、体育公园、田园小径、绿道体育、廊道体育、健身步道等生态运动空间来促进居民的体育活动行为，进而逐步提升他们的健康状况，最终打破因生态环境所导致的健康不平等。

5. 研究局限与展望

由于本部分研究为横断面数据，因此，对于解释生态环境视角下体育活动与健康之间的关系具有一定的局限性，然而，它在分析居民体育活动缓解、抵消或逆转因生态环境所导致的健康不平等上仍然具有一定的参考意义。导致居民健康不平等的原因是多元的，而本研究仅从生态环境的视角来探讨健康不平等问题有其局限性，但在控制婚姻、年龄、教育以及收入等一系列与健康相关的变量基础上嵌入体现个体能动性的体育活动行为来分析研究议题，则具有一定的科学性。当然，本书也为未来学者研究该议题提供了新的分析视角，能够激发学者们从结构主义与个体主义的双理论视角出发，探讨居民的个体能动性行为对结构主义视角下健康不平等的全新解释，特别是对健康具有直接意义的体育活动行为与健康不平等之间复杂关系的研究将是未来重要的研究取向。

6. 小结

生态环境对居民健康具有显著的正向影响且存在健康的不平等现象，但在既定的生态环境下，体现个体能动性的体育活动行为能够逆转这种健康不平等现象，从而表现为身处较差绿色生态环境下的居民如果具有良好的体育活动行为，那么他们的健康状况将优于身处优良生态环境下非体育活动群体的健康状态。同时，研究还发现了一个不太明显的事实，即生态环境与体育活动对居民健康具有显著的交互影响，也即生态环境丰富的情况下进行体育活动将对健康具有更为积极的现实意义。以上结论给我们的政策启示有：继续推行和落实生态绿色发展理念；继续加大对生态环境保护的投入，尤其是对空气污染的治理应采取短期政策与长期政策相结合的方式；构建绿地运动环境，通过建设森林公园、体育公园、田园小径、绿道体育、廊道体育、健身步道等生态运动空间来促进居民的体育活动行为，逐步实现居民健康治理的均等化策略。

第三节　不同阶层的体育参与效应

城市绿地与公共健身区协同实施是否能够推动中国居民体育参与的显著提升（尤其是不同阶层的体育参与效应状况）？这有待于给出一定的佐证。为此，为了能够对这一问题展开实证，课题组运用质性研究方法对中国综合社会调查数据进行了数据提取，并探究了它们之间的作用机制，以期对这一问题有较为清晰的认识。

1. 绿色生态健身空间是否能够提高不同阶层的体育参与

在这里首先需要明确绿色生态健身空间是否能够提升不同阶层的体育参与水平，之所以选择不同阶层，是因为长期以来，不同阶层存在体育参与水平的差异，这种差异可能是阶层本身造成的，也可能是外部机制造成的。董德朋（2021[①]）的研究证实了社会阶层之间的健康不平等问题，并进一步提出"人们的体育参与在带来健康回报的同时，在健康水平随年龄增长而降低过程中也起到了缓解作用"，由此可见，体育参与的意义和社会阶层研究备受社会学关注。但这里需要明确绿色生态健身空间的普适作用，考查绿色生态健身环境是否能够带来不同阶层体育参与的整体性提高，从而更好地达到提升健康水平的目的，同时，也可以从一定层面反映绿色生态健身环境是否能够打破体育参与的不平等现象，以此反映城市绿地与公共健身区匹配实施的现实意义。

由于我国社会阶层的不断分化，由最初的以经济和社会功能分类的社会阶层分类理论逐渐走向了以职业分类为主的社会阶层理论，从而形成我国现在较为通用的一种社会阶层分类方法（陆学艺，2002[②]）。由于社会阶层的存在，甚至是分化现象更趋明显化，不同的社会阶层对协同实施的政策可能有着不同的影响，并且这种影响可能会表现出不同的历时性变化，为此，通过考察不同社会阶层对绿地与公共健身区协同实施的作用机制及历程变化，便于分析探究社会阶层对绿色生态体育空间的关注程度，并对后期城市绿地与公共健身区协同实施的政策性问题作出一定的导向依据。

从治理逻辑的层面来说，全民健身战略的实现需要体育参与的全民

---

① 董德朋. 生命历程视角下居民体育参与打破了健康的阶层不平等吗？［J］. 上海体育学院学报，2021，45（8）：73-86.

② 陆学艺. 当代中国社会十大阶层分析［J］. 学习与实践，2002（3）：55-63.

提升，而体育参与度的提高自然也需要良好的生态健身空间，良好的生态健身空间自然也就提高了不同阶层的体育参与水平（无论是农村居民、城镇居民还是城市居民）。始于 20 世纪 90 年代的《全民健身计划纲要》开启了中国体育社会改革的飞速发展之路，《国务院关于实施健康中国行动的意见》在新时代又明确提出了实施健康中国行动全民参与的基本原则，为此，如何以主动全民体育参与为导向，不断提升中国居民体育参与的全方位治理能力有着重要的理论与实践意义。体育参与行为的研究范畴和视角广泛，其中，绿色生态空间治理是一个当前的重要治理手段，体育治理的社会阶层研究是伴随着近代体育的发展而出现的，自 20 世纪 50 年代进入系统研究阶段，且方兴未艾，也是社会学领域的重要分支。我国学者仇军（2010①）曾对西方体育社会学中的体育运动与社会分层问题进行了系统梳理和论证，并逐渐呈现出国内学者对体育参与与社会阶层关系问题的多维度关注。该方面研究的理论主要出现了炫耀理论、社会区隔理论、社会流动理论、角色理论等，研究的视角也从最基础的社会经济地位发展至社会空间、社会资本及幸福感等维度。黄谦（2019②）从个体社会资本和集体社会资本的角度提出了体育参与促进社会资本生成的路径。周洁友（2008③）研究了体育锻炼对工作空间社会资本的影响，这些研究的视角虽然表现不一，但主要是将体育参与作为自变量来进行探究，然而我们不能忽视的是如何将居民体育参与作为目标变量加以研究，因为我们更加需要了解不同社会阶层对居民绿色生态体育空间的认识以及这种认识所发挥的作用，若这种作用得到不断提升，至少说明我国城市绿地与公共健身场地的匹配实施，不仅是对阶层的一种打破，更是对实现全民良序健身局面的有效推动。同时，本书也考虑到需从一定侧面对我国全民健身治理的发展历程进行一次梳理，中国居民的体育参与情况究竟发生了怎样的变化？主观身体健

---

① 仇军. 西方体育社会学理论、视点、方法 [M]. 清华大学出版社，2010.

② 黄谦，张晓丽，葛小雨. 体育参与促进社会资本生成的路径和方式——基于 2014 年《中国家庭追踪调查》数据的实证分析 [J]. 中国体育科技，2019，55（7）：63~70.

③ 周洁友，裴立新. 社会资本：全民健身运动功能的一个研究视角 [J]. 体育科学，2008，28（5）：18~23.

康的意识是否增强了？社会阶层对绿色生态体育空间的认识是增强了还是减弱了？生态性体育建设空间是否能发挥很好的条件作用？这些问题成为本课题组以此为题的基本理由。

目前来看，社会阶层的界定也表现不一，西方形成了以马克思（生产关系）、韦伯（经济、社会、政治）、涂尔干（功能和职业共同体）及布迪厄（经济、社会和文化）为代表的社会阶层理论，在我国形成了以陆学艺（职业分类为基础）、李强（利益群体）、李路路（权威）等为代表的社会阶层划分标准。其中，以陆学艺的职业划分最为典型，这也是本书以此划分的原因之一。长期以来，社会阶层下的体育参与行为研究，虽然各自的出发点不尽相同，但其影响的阶层特征变量主要从教育、收入、职业等社会经济地位进行归因（即社会因果论），且多数研究仅以截面数据为基础，这就造成很难从变迁历程或时序演化的角度给出动态视角的考察，也容易忽视对某些时代性变量的考究（如主观身体健康变量），健康中国下首先应提升全民健康的主动参与意识，才能最终促成主动体育参与行为的形成，这也符合锻炼心理学中的健康行为理论观点，那么，这种主观身体健康变量在长期的发展过程中发生了哪些变化？与体育参与是否是一种线性变化关系？是否存在门限效应等？这些都还有待于进一步考察。为此，以上这些影响因素在不同社会阶层中又有如何的时序变化？诸多的控制变量又发生了哪些动态变化？这些也都需要进一步厘清。

本课题组选用变迁视角下社会阶层对绿色生态体育空间感的影响为研究课题，采用"中国综合社会调查（CGSS）"数据库作为数据源，在进一步考查不同社会阶层对绿色生态空间感影响的同时，注重观察时序变迁视角下的演变趋势，不同社会经济地位及控制变量在不同阶层中的动态演化，同时，我们特别关注的问题是，社会阶层对绿色生态空间行为影响是否依然显著，是增强了还是弱化了？主动健康意识的作用是否得到增强？发挥了怎样的作用？社会经济地位是否依然是显著影响要素？解释变量之间产生了怎样的交互效应？生态健身空间的作用又是如何？面对这些问题，本书尝试以体育参与为因变量，剖析变迁视角下的社会阶层影响变化及相关解释变量的作用变迁机制。

2. 理论背景与研究假设

从目前的研究来看，以体育参与为目的，以社会阶层为分析视角，以绿色生态空间发展为变量的关系研究还并不多见，现有研究主要集中在体育参与的社会阶层分层领域，继而再进一步考查体育参与的人群对绿色生态空间建设理念的认识程度，从而间接地作出历时性评价。

（1）社会阶层视角下体育参与的理论流派。

自19世纪末期以来，体育参与的社会阶层研究逐渐形成有炫耀理论、社会区隔理论、冲突理论、社会流动理论、不平等理论及角色理论等理论流派，炫耀理论的研究者以费伦为代表，对19世纪上流社会的体育参与进行研究，指出体育参与人群需要有充足的时间和金钱地位，且通过体育参与的某些具体项目展示和炫耀社会实力，于是体育参与被认为是一种经济实力和社会声誉的体现，即社会地位的展现，社会经济地位决定的社会资源成为体育参与的重要因素，这便促成了后期社会因果论的基础，从早期社会阶层的体育参与来看，该理论有其合理性，早期的体育参与以贵族运动项目为主，然而，今天的体育参与行为已发生了根本性的变化，如西方经历的公共服务改革进程，体育参与成为一种重要的社会福利手段，体育参与已逐渐不再受经济地位的绝对统治，再如，1965年欧洲发出了"体育为所有人"的倡议，这些改革运动无疑使得体育参与不再单纯地由炫富而存在。

发展至20世纪80年代，法国社会学家布迪厄主张不同阶层之间的体育参与并不是由炫耀而产生分化，主要原因归于将自身与社会其他阶层的区隔（社会区隔论），以"体育与社会阶层"和"体育社会学课程"为典型研究成果，从"体育场域"和"社会空间"的角度对社会阶层的体育参与行为进行了界定，并逐渐确立了社会阶层的三要素划分标准（经济资本、文化资本和社会资本）。当然，这一理论也受到一些质疑，哈格里夫斯（Hargreaves，1994①）认为，体育参与是一种价值观的达成，而不是社会阶层的区隔，体育参与的阶层分化主要是不同阶层之间价值观的对立，并演化为具体体育参与上的冲突，正是在这样的一些争论中，冲突理论也便涌入其中（以郝特为代表），该理论更加强调社会经济推动的被动形成，也就是说，并不一定是主动价值观的差异，也由此形成了社会阶层视角下体育参与的众多理论流派。

社会流动理论是社会阶层体育参与行为的又一重要理论学说，通常来讲，社会流动是指个体从一个社会空间到另一个社会空间的转换（通常可分为水平流动和垂直流动），即当前关于体育参与的群体异质或空间异质的相关研究。从社会的现实来看，社会流动理论能够解释体育参与中社会阶层之间的异质关系或场域关系，并由此而导致差异性社会效应或社会资本，如20世纪初期，许多阶层通过体育项目的专业投入可能会获得高额的经济回报，从而实现社会地位的变动，对于今天而言，社会流动理论更加从"效用论""社会比较论"等角度进行研究，在我国则尤为凸显全民体育参与行为中的"相对剥夺感"研究，我国实施的公共体育服务共建共享机制正是有针对性的治理理念之一。

伴随着不同阶层流动性的变化，角色理论逐渐成为一个新的研究分支，以美国凯尼恩为典型代表，后期的乔治、卡特均成为这一理论研究的先驱者，如运动员退役需要完成一种过渡，这种过渡包括角色扩充、自我重塑和改变，同时，这些研究者支持体育参与的前期角色至关重要，对后期的体育参与产生重要影响，继而也将带来社会资本的不断提升，也因此使得流动下体育参与的社会资本研究成为当下的一个新热点，即异质空间的体育参与效应。

可见，无论是源于何种理论，社会背景下体育参与的社会阶层影响机制普遍存在，作为健康中国行动的社会阶层，在新时代又会表现如何？从发展历程上又显现出哪些变化？基于此，本研究提出假设1：社

① HARGREAVESJ. Sporting females：Critical issues in the history and sociology of women's sport ［M］. London：Routledge，1994：112.

会阶层对我国居民体育参与依然存在显著的积极影响，但这种影响作用应该是逐渐减弱的。

（2）社会阶层视角下体育参与的群体特征。

哈斯布鲁克及凯尼恩从不同性别角度展开的社会阶层体育参与研究，被称为健康的"性别悖论"。自 20 世纪 50 年代以来，医学社会学将"健康不平等"的性别差异逐渐列为一种分支领域，体育参与也逐渐成为健康促进的一个重要手段（Kahma，2012[①]），尤其从性别的角度提出了社会阶层体育参与的差异性。国内的主要研究焦点集中在社会大众的体育参与方面，且主要表现在城乡居民、弱势群体和女性群体的社会阶层研究。

当然，当前我国体育参与的社会阶层研究群体有了进一步的扩大，青少年及学龄前儿童成为一个新的关注领域，惠勒（Wheeler，2019[②]）论证了学龄前儿童体育习惯的养成与社会阶层的关系，提出了不同社会阶层和行为取向对学龄前儿童体育习惯养成的正向影响，同时，伴随着我国新型城镇化和城乡一体化的发展，对小城镇和农村体育的阶层研究也逐渐丰富，谭延敏（2008[③]）对我国小城镇居民的体育参与进行了调查，提出了不同阶层体育参与的差异性和目的性，指出社会中层以上群体中，往往会选择休闲娱乐，社会中小层和底层以实用为主。

由此可见，不同群体（女性、青少年、城镇居民及弱势群体）是社会阶层体育参与的主要研究对象，但多数停留在现状调查或静态截面数据分析层面，社会阶层的分析也主要是以社会经济地位来进行确定的，且主要以单纯线性模型进行回归分析，缺乏分段预估模型的评判（如是否存在门限效应），当然，国内学者也越来越多地采用陆学艺

---

① KAHMA N. Sport and social class：The case of Finland ［J］. International Review for The Sociology of Sport，2012，47（1）：113 - 130.

② WHEELER S，Green K，Thurston M. Social class and the emergent organized sporting habits of primary-aged children ［J］. European Physical Education Review，2019，25（1）：89 - 108.

③ 谭延敏，张铁明，刘志红. 大众传媒对小城镇不同社会阶层居民参与体育锻炼的影响［J］. 首都体育学院学报，2008（5）：49 - 52.

(2010①) 以职业划分为基本依据的方法，这从阶层的类型特点上来讲是相对明确的，便于展开相应的分析，但社会阶层下体育参与的群体表现特征可能并不是一成不变的，就我国居民体育参与而言，伴随着我国公共体育服务改革进程，这种群体差异影响应该是弱化的。为此，这里提出本研究的第二个假设：不同群体（性别、城乡、婚姻、年龄）等对变迁视角下社会阶层的体育参与具有显著的正负向影响，且存在变迁视角下的减弱现象。

（3）社会阶层视角下体育参与的解释变量。

学者常把教育收入、职业等作为社会阶层体育参与的重要解释变量（即社会因果论），赫马（Kahma，2012②）对芬兰不同人群的体育参与进行了差别检验，这些解释变量成为该领域的重要研究议题。我国在该方面的研究主要局限于社会阶层的等级划分角度，主要从社会的经济地位（上、中、下等水平）来进行阶层研究，但随着社会结构的不断转型，按照职业分类展开研究成为众多学者的研究视角，其中，以社会学家陆学艺提出的"十大阶层"为典型代表，本研究中的社会阶层依据CGSS 职业分类确立了无单位/自雇（包括个体户），社会团体、居/村委会，企业，事业单位，军队，党政机关等六类阶层。由此可见，作为体育参与影响的社会阶层本身也已发生变化。

生命历程视角下的社会阶层研究也逐渐成为一个重要的研究视角，通常，将个体的自传和事件放在所处的历史时空当中，以寻求社会意义的个体影响，并探寻个体差异的时空变化，洪（Hong，2016③）对亚洲地区一些城市化进程中的居民体育参与与社会阶层展开研究，证明了伴随着人口的不断积聚和城市化进程的不断扩大，社会阶层对体育参与的影响不是缩小了而是扩大了，就本书而言，对社会阶层与体育参与的动态关系的研究应着眼于具体的国情和跨界方面，并结合相应的控制变量

① 陆学艺. 当代中国社会十大阶层分析 [J]. 学习与实践，2002（3）：55–63.
② Kahma N. Sport and social class：The case of Finland [J]. International Review for The Sociology of Sport，2012，47（1）：113–130.
③ Hong F，Feng J. Special issue：sport，urbanization and social stratification in asian society introduction [J]. International Journal of The History of Sport，2016，33（18）：2185.

展开影响效应的分析，同时依据控制变量的增强或减弱效应，提出中国
居民体育参与的社会阶层影响机制和变迁机制。

人口学特征是重要的控制变量，性别、年龄、内外倾向及教育程度
等变量是常考虑的观测控制变量。我国学者彭大松（2012①）以年龄、
性别、户籍为控制变量，得出了年龄上的"U"形变化和城市优于农村
的结论。当然，就教育程度而言，也存在多种划分方式（不同学历、不
同年限等），从以往的这些研究来看，教育程度是一个重要的控制变量。

社会经济地位是又一不可缺少的因素。早期的研究偏重于社会经济
地位的不同而导致体育参与的阶级区别，新时期更加注重社会经济结构
的变化而导致的体育参与差别。卡玛（Kahma，2012②）研究指出，由
于受经济地位和休闲时空的影响，体育参与呈现不同变化。我国学者更
多地从个体收入、家庭年收入、平均月收入角度展开研究（李骁天，
2014③），但这种差别也可能受国别的影响。

相比前面变量，身体健康可能更彰显我国的时代意义，在我国全民
健身迈向主动健康的发展历程中，更需要对该变量作出考察，从目前的
研究来看，存在因变量和自变量两个层面。一部分学者探讨体育参与对
健康的影响，从而证实体育参与的意义。张耀勇（2017④）利用
CHN2016 数据从强身健体、娱乐健身及休闲活动等方面进行了社会分
层描述。一部分学者则将体育参与作为因变量来研究。王荣伟
（2016⑤）利用 CGSS 数据以健康状况作为自变量，以体育参与作为因变
量进行了模型构建。田学礼（2014⑥）将体育情感引入回归模型，证实

① 彭大松. 城市化对体育参与的影响 [J]. 城市问题，2019（6）：94-95.
② Kahma N. Sport and social class：The case of Finland [J]. International Review for The Sociology of Sport，2012，47（1）：113-130.
③ 李骁天，邢晓燕. 社会分层视角下中国城市社区居民体育锻炼行为分析——基于 CGSS 数据的实证研究 [J]. 北京体育大学学报，2014，37（9）：17-25.
④ 张耀勇. 体育锻炼中的社会分层机制研究 [J]. 鄂州大学学报，2017，24（1）：99-101.
⑤ 王荣伟，王祎. 社会发展对居民体育参与行为的影响因素研究——以社会分层、个人空间为视角 [J]. 学理论，2016（4）：99-102.
⑥ 田学礼，周进国. 社会分层视角下社区居民体育参与研究——基于粤东地区的实证调查 [J]. 成都体育学院学报，2014，40（6）：32-35.

了体育情感对体育参与的积极意义。由此可见，主观身体健康作为自变量的社会阶层研究逐渐展开，但该自变量与其他变量的同模型对比研究及该变量的时序变化如何？该解释变量是否是单纯的线性模式（是否存在门限效应）？对不同社会阶层体育参与的影响呈现出何种变迁形态？这些问题都值得不断地加以认识。

（4）社会阶层视角下的生态休闲研究。

从生态休闲视角展开社会阶层研究是体现绿色生态空间的一个研究范畴，学者针对不同社会阶层的休闲体育展开一定的研究。韩勤英（2019[①]）对不同社会阶层群体休闲体育参与意识和行为展开研究。尤佳丽（2019[②]）对中国社会不同阶层休闲体育发展状况进行了梳理，并指出休闲体育对人们身心健康的重要意义。从现有的研究来看，社会阶层视角下的绿色生态体育研究还没有形成系统范畴，主要集中在休闲体育的关注程度和意义方面，或者说绿色生态空间的社会阶层可能具有普适的特点，但无论怎样，需要考察绿色生态空间的社会阶层状况，从而更加确立城市绿地与公共健身区匹配实施的保障机制。

从上述研究文献可见，尽管存在一些不一致的地方，但大部分研究还是聚焦在教育程度、经济地位及相关控制变量的解释上，只是更多的研究还只是一种差异分析和相关性分析，缺乏一定的因果变量探究，即使是一种回归关系验证，也没有回答是否就是一种单一的线性关系，如究竟多大的经济收入或健康意识才能推动体育参与行为的形成或"突变"提升，即是否在这些变量上存在一定的门限效应。

3. 数据与方法

（1）数据。

数据来源于《中国综合社会调查》（CGSS）2013～2020年公布的数据（其中2016年、2017年和2019年未公布），本研究选取2013～

---

① 韩勤英，刘献国，钟涛. 不同社会阶层群体休闲体育参与意识和行为研究 [J]. 河南师范大学学报，2019，47（6）：113-120.
② 尤佳丽. 中国社会不同阶层休闲体育研究 [J]. 体育风尚，2019（5）：212-213.

2020 年数据主要是因为 2013 年以前的数据存在较大的结构性变化，无法形成连续性数据观察和结构分析，为此，选用 2013 年以来公布的数据。该数据抽样采用多阶段抽样技术，样本包括了 29 个省份，同时，研究中删除缺失值及"不知道""不回答"等无效数据。

（2）变量。

①因变量。

体育参与：根据 CGSS 问卷数据库中的题项，"过去一年，您是否经常在空闲时间从事以下活动?"其中包括"参加体育锻炼"和"观看体育比赛"两个选项，回答从"每天""一周数次""一月数次""一年数次或更少""从不"5 个选择，对应的编码是 1~5。统计时为了编码与体育参与程度的方向一致，采用 $y = -x + 6$ 的方式对原始数据进行了变量的转换。同时，基于卢元镇（2004①）对体育参与的概念界定（体育参与包括直接参与和间接参与），对数据库中的这两个选项进行了合并编码，从直接参与和间接参与两个方面形成了本研究中体育参与的变量值（类型：连续性变量）。

②自变量。

社会阶层：以职业分层为依据，CGSS 数据调查中将职业划分为无单位/自雇（包括个体户）、社会团体、企业、事业单位、军队、党政机关和其他，统计分析中未考虑"其他"类别，将以上六种职业按 1~6 进行编码统计。

个人年收入：该变量主要反映社会经济地位，由于该变量为非线性变量，统计中采用自然对数进行了数据转换 [ln(个人年收入)]，文中表达为个人收入。

绿色生态空间：根据生态空间划分的五个档次为计算依据，统计过程中分别从低到高依次赋分 1~5 档。

③控制变量。

主要包括 6 个变量，一是性别，统计中男性编码为 1，女性编码为

---

① 卢元镇. 社会体育导论 [M]. 北京：高等教育出版社，2004.

2；二是年龄（连续变量）；三是婚姻状况，将调查中的未婚设为1，初婚有配偶、再婚有配偶、分居未离婚、离婚、丧偶等编码为2；四是户籍状况：设农业户口为1，非农业户口、蓝印户口、居民户口、军籍等为2，剔除没有户口和其他选项；五是教育程度，删除"无法回答"和"其他"选项后，将没有受过任何教育、私塾、小学、初中、职业高中、普通高中、中专、技校、大学专科（成人高等教育）、大学专科（普通高等教育）、大学本科（成人高等教育）、大学本科（普通高等教育）、研究生及以上分别编码为1~13。

（3）模型设置。

模型1：时间固定效应模型。以体育参与作为因变量，以社会阶层为解释变量，以发展年份为时序变量，在控制体育参与的其他因素基础上，构建多元回归模型同时按年代时序验证社会阶层对体育参与的变迁影响。首先，为了估计体育参与随年份变化的变化轨迹和因个人收入、主观身体健康导致的体育参与轨迹异质性，本研究采用的回归模型如下：

$$SP_{ti} = \pi_{0i} + \pi_{1i}year_{ti} + \pi_{2i}Income_{ti} + \pi_{3i}year_{ti} \times Income_{ti} + \sum_{j>4} \pi_{ji}(X_j)_{ti} + e_{ti}$$

$$(3.8)$$

其中，i 代表从1到 n 个样本个体；SP_{ti}（sports participation）是衡量体育参与的指标，代表不同年份的体育参与情况；$year_{ti}$ 是体育参与的不同年份，由于此处年份已作为数值性数据处理，所以统计过程中经过中心化处理（减去平均年份）；$income_{ti}$ 是不同年份职业群体的个人收入对数；$health_{ti}$ 是不同年份职业群体的主观身体健康状况；π_{0i} 代表的是社会阶层不同群体的体育参与截距；π_{1i}、π_{2i} 分别代表个体收入和身体健康变化带来的体育参与期望值；π_{3i} 代表年份与收入的交互效应对体育参与带来的期望值，其他随年份变化的控制变量 X_j 都放在第一层模型中。同时，为了测量不同社会阶层体育参与的时序变化及异质性，探寻社会阶层和个体层面的相关特征对体育参与的影响，我们测量了对上述模型中个体截距的影响，具体模型如下：

$$\pi_{0i} = \beta_{00} + \beta_{01}stratum_i + \beta_{02}health_{ti} + \beta_{03}stratum_{ti} \times$$

$$health_{ti} + \sum_{j>1} \beta_{0j}(z_j)_i + \gamma_{0i} \qquad (3.9)$$

同时，将模型进行了固定效应（fe）和随机效应（re）的 Hausman 检验（$Chi2 = 602.82$，$p < 0.05$），即确立了采用固定效应模型。另外，将上述两个线性模型可以合并简化为如下的时间固定效应模型。就本文的研究假设而言，β_{01}、β_{11} 是验证假设 1 的参数，β_{oj}、π_{ji} 分别是验证假设 2 的参数，β_{20}、β_{02}、β_{21}、β_{03}、β_{11}、β_{30}、β_{13}、β_{31} 等分别验证部分假设 3 和假设 4（其中的门限效应另见模型 2）。同时，考虑到回归模型分析中的异方差问题，具体统计过程中使用稳健标准误进行回归分析（robust 命令）。

$$SP_{ti} = \big[\beta_{00} + \beta_{01}stratum_{ti} + \beta_{20}income_{ti} + \beta_{02}health_{ti} + \beta_{21}stratum_{ti} \times income_{ti} +$$
$$\beta_{03}stratum_{ti} \times health_{ti} + \beta_{10}year_{ti} + \beta_{11}stratum_{ti} \times year_{ti} + \beta_{21}income_{ti} \times$$
$$year_{ti} + \beta_{30}health_{ti} \times year_{ti} + \beta_{13}stratum_{ti} \times income_{ti} \times year_{ti} + \beta_{31}stratum_{ti} \times$$
$$health_{ti} \times year_{ti} + \sum_{j>4} \pi_{ji}(X_j)_{ti} + \sum_{j>1} \beta_{0j}(z_j)_i + e_{ti} \big] \qquad (3.10)$$

模型 2：门限模型。由于本研究需要考查主观身体健康和个人收入对中国居民体育参与行为是否存在门限值，即主观身体健康和个人收入达到什么水平才能激发中国居民的体育参与行为及区间异质性，从而探讨不同状态空间的预估方程，突破以往单纯以线性回归造成的伪回归效应。具体方程模型如下（STATA 分析中以三个门限值为先的原则进行逐次递减建模）：

$$Y_{it} = \alpha_j + Z_{it}\delta + 1(q_{it} \leqslant \gamma)X'_{it}\beta_1 + 1(q_{it} > \gamma)X'_{it}\beta_2 + \varepsilon_{it} \qquad (3.11)$$

其中，d 不受门限值的影响；示性函数 $1(\cdot)$，

$$1(q_{it} \leqslant \gamma) = \begin{cases} 1 \text{ if } q_{it} \leqslant \gamma \\ 0 \text{ if } q_{it} > \gamma \end{cases} ; \quad 1(q_{it} > \gamma) = \begin{cases} 0 \text{ if } q_{it} \leqslant \gamma \\ 1 \text{ if } q_{it} > \gamma \end{cases} \qquad (3.12)$$

模型 3：OLS 线性模型。研究中为了进一步检验相关控制变量及解释变量在具体年份的增强或减弱特征，以进一步验证论题中假设 2～假设 4 的相关问题，采用了 OLS 一般线性回归模型分别对 2013～2020 年的数据进行了全模型的回归统计，并以此为依据对变迁中的变量作用效应进行了对比分析。

$$SP = \alpha + \beta x_i' + \varepsilon_i \qquad\qquad (3.13)$$

上述回归方程中，因变量 SP（$Sports\ Participation$）是衡量体育参与的指标，x 是可能影响体育参与的一系列自变量，本书中包括社会阶层、经济收入和其他控制变量。α 是截距项，β 是自变量的参数向量，ε 是随机扰动项。

4. 数据结果

（1）时间固定效应模型解释。

首先来看社会阶层变量对体育参与的影响（见表 3.11），模型 1 显示，社会阶层对体育参与产生了积极的显著影响，且各阶层均显著地优于无单位/自雇阶层，尤其是军队、党政机关及事业单位阶层较为明显，这一点验证了体育参与的阶层分化现象。但这里发现，社会阶层对体育参与的影响随着年度的变化呈显著的负向变化，表明无单位/自雇阶层、社会团体等阶层表现出更好的体育参与，也预示着党政机关等阶层体育参与相对不足，这可能显示出当下我国职业群体社会工作性质的较大差异性。同时，从模型 2～模型 5 来看，无论在引入何种社会阶层的特征变量，社会阶层均表现出了显著的影响作用，表明社会阶层对体育参与的影响是显著的，且从年限来看，这种趋势作用有增强趋势。同时，进一步考查绿色生态空间理念的影响作用，在加入绿色生态空间感变量后，这种影响作用也表现出增强的态势，由此可以推测，绿色生态健身空间建设是能够提升不同阶层的体育参与水平，也预示着绿色生态体育空间建设的重要意义。

表 3.11　2013～2020 年社会阶层对体育参与影响的时间固定效应模型

固定效应	模型 1	模型 2	模型 3	模型 4	模型 5
截距模型					
截距	2.846 *** (0.073)	1.443 *** (0.156)	2.615 *** (0.127)	1.237 *** (0.193)	1.256 *** (0.192)

续表

固定效应	模型 1	模型 2	模型 3	模型 4	模型 5
	0.402 *** (0.113)	0.456 *** (0.102)	0.402 *** (0.117)	0.473 *** (0.149)	0.489 *** (0.131)
	0.301 *** (0.218)	0.285 *** (0.035)	0.286 *** (0.042)	0.412 * (0.203)	0.409 * (0.216)
社会阶层 无单位/自雇（1）	0.484 *** (0.056)	0.603 *** (0.051)	0.597 *** (0.084)	0.643 * (0.276)	0.694 ** (0.328)
	1.284 *** (0.295)	1.138 *** (0.286)	1.262 *** (0.276)	1.247 ** (0.414)	1.502 ** (0.421)
	0.485 *** (0.072)	0.537 *** (0.074)	0.501 * (0.075)	0.803 (0.433)	0.841 (0.414)
个人收入（对数）		0.138 *** (0.014)		0.132 *** (0.023)	0.153 *** (0.024)
绿色生态空间			0.052 *** (0.015)	0.082 ** (0.031)	0.070 * (0.031)
阶层 × 收入				0.004 (0.006)	− 0.004 (0.007)
阶层 × 绿色生态				0.017 (0.011)	0.013 (0.011)
线性增长模型					
年份（2010 = 1）	− 0.011 (0.015)	− 0.302 *** (0.063)	− 0.010 (0.008)	− 0.259 *** (0.068)	− 0.285 *** (0.069)
职业 × 年份	− 0.015 ** (0.005)				
绿色生态空间 × 年份			0.011 (0.008)	0.013 (0.008)	0.023 (0.016)
职业 × 收入 × 年份					− 0.003 (0.002)
职业 × 绿色生态 空间 × 年份					0.004 (0.006)

从个人收入来看，代表经济水平的个人收入仍然占据显著位置，在引入模型 3 ~ 模型 5 之后，也表现出来显著的正向影响，但从模型 2 ~ 模型 5 的解释率来看，个人收入对社会阶层的体育参与并不明显，即并没有表现出随收入的变化社会阶层的体育参与水平呈现明显的显著递增趋势，同时，也没有表现出年份上的显著影响，即社会阶层对体育参与的影响在收入上表现得并不明显。同时，在模型 5 中显示，收入对不同社会阶层体育参与的影响在减弱，但未达到显著水平。综合来看，个人收入的单纯性影响是显著的，且呈现出缩小的变迁特征，但这种弱化效应并不显著。

研究也对相关控制变量进行了分析，性别、婚姻、年龄、户口及教育程度等在不同的模型中均表现出显著的影响作用，且相对稳定，尤其是户口和教育程度变量表现最为明显，表明不同社会阶层的体育参与在城乡差异上依然是突出的，教育的作用依然是明显的。当然，从性别和婚姻来看，男性要优于女性，单身优于已婚，从这些研究结果来看，不同属性群体（性别、城乡、婚姻、年龄）对变迁视角下社会阶层的体育参与具有显著的正负向影响，且这种影响存在绿色生态空间感的作用差异。

（2）门限效应模型解释。

这里为了避免上述线性模型造成的伪回归现象，需要对本研究中涉及的社会阶层重要特征变量、绿色生态空间感变量进行门限效应分析，验证是否存在门限值，然后根据门限值范围进行分段回归或预估。从本研究的门限效应检验来看（见表 3.12），绿色生态空间感变量存在单门限效应，双门限效应不显著，也就是说，绿色生态空间感对不同社会阶层的体育参与存在一定的门限效应，即随着人们对绿色生态空间感需求的不断高涨，人们对美好生活的不断追求，当这种观念深入人心或需求度达到一定限度时，将会对社会阶层的体育参与产生更为显著的催化效应。

表 3. 12   门限效应检验

模型		门槛估计值	F	P	BS	临界值		
						1%	5%	10%
绿色生态空间感	单门限	3. 142	135. 26	0. 000	300	15. 24	8. 42	6. 78
	双门限	4. 362	73. 22	1. 000	300	9. 63	6. 31	4. 76

从分段预估显示：①若就绿色生态空间感门限来看，无论处于何种门限范围，社会阶层对体育参与的影响并不显著，即并不存在体育参与的层化现象，由此可见，绿色生态空间感对社会阶层的体育参与可能具有普遍意义，可能需要从更大范围区间来考虑，小范围的变化对不同社会阶层的体育参与不会产生明显影响；②从变迁的视角来看，绿色生态空间感的作用是呈现微弱的增强态势；③从变迁视角来看，不同年份对体育参与呈现的是显著减弱态势，且伴随着年份的增加，并没有因为个人收入或绿色生态空间感的增加带来不同社会阶层体育参与的提升，反而表现出一定的降低趋势。总体来看，以上数据结果预示着绿色生态体育空间理念下我国全民体育参与的治理效果还并不理想，绿色生态空间感对不同阶层的体育参与作用也不是单纯的线性关系，是需要分阶段进行预估和检验的，是需要达到一定的阈值范围才会发挥应有的作用，甚至产生质的变化，尤其是对于绿色生态空间管理来说，可能需要更大的范围区间来引导和治理。

（3）OLS 线性模型解释。

为了更详细地对体育参与的社会阶层变量及相关特征变量进行变迁视角的验证，并考察变迁视角下中国居民体育参与水平究竟是增加了还是降低了，需要将主观身体健康对体育参与的变迁影响作出进一步的论证，因为对这一问题的回答涉及主体绿色生态空间的时代治理意义。笔者在这里首先对不同省份和全国的体育参与水平进行了时序图统计（见图 3.4），从中可见，不少省份经过波动性变化后体育参与有所降低，从全国来看，也没有表现出增强态势，因此，中国居民的整体体育参与水平仍有待提升。同时，笔者在这里逐一对 2013 ~ 2020 年间的各年份数据建立线性回归模型统计（稳健性回归），并绘制变迁的时间序列类型（见表 3.13），从表 3.13 中可见：①如果后年与上一年进行作用程度比较，各解释变量的影响程度波动性较大，很少呈现较为一致性的变化，当然，这既存在统计上的误差，也在一定程度上反映出我国居民体育参与行为的干预性还是不足的；②若将各年的解释变量影响程度均与2013 年进行比较，不同社会阶层对体育参与的影响程度是降低的，从这一点来看，社会阶层对体育参与的影响在弱化。同时，研究发现，个人收入的影响整体表现在增强，绿色生态空间理念的影响在减弱，其他控制变量的影响作用整体在减弱。从这一点来讲，即可以使得假设 2 得到验证，同时，也可以说明中国公民的全民体育参与行为正成为一种普遍行为，只是这种行为目前仍然受个人收入的主要影响，主观身体健康的作用还没有显著形成，这提示我们主动健康的最终达成仍需努力。

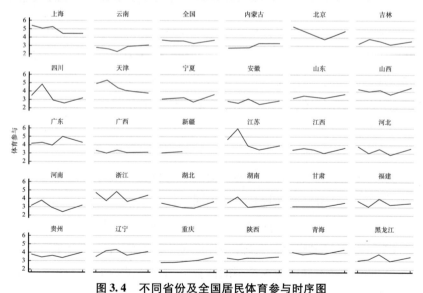

图 3.4　不同省份及全国居民体育参与时序图

表 3.13   不同社会阶层体育参与影响因素的时间变化类型

解释变量	Ⅰ 型	Ⅱ 型	解释变量	Ⅰ 型	Ⅱ 型
社会阶层 （无单位/ 自雇 1）	D—R—D—R	D—D—D—D	绿色生态空间感	D—D—D—R	D—D—D—D
	D—D—R—D	D—D—D—D	性别	D—R—D—D	D—D—D—D
	D—D—R—D	D—D—D—D	年龄	D—D—D—D	D—D—D—D
	R—D—D—R	R—R—R—R	婚姻	D—D—D—D	D—D—D—D
	D—R—D—D		户口状况	D—D—D—D	D—D—D—D
个人收入	D—R—R—D	D—R—R—R	教育程度	R—D—R—D	R—D—D—D

注：Ⅰ型代表每一年与上一年进行作用系数比较；Ⅱ型代表每一年与 2013 年进行作用系数比较；R 代表上升；D 代表下降。

体育参与的社会阶层研究虽然存在多种理论学说，但主要源于对社会不平等的正当或不正当因果归因，也正因为如此，社会阶层对体育参与一直具有显著的影响，但随着我国全民健身和公共体育服务改革的不断推行，这种影响的作用有待考察，从目前诸多学者的研究结论来看（姚磊，2010[①]；部义峰，2015[②]），其普遍地认为中国居民的体育参与存在层化现象，这一点从本研究的第一个模型（时间固定效应模型）来看还是得到验证的，这也与诸多的研究结论是一致的（汤国杰，2009[③]；李骁天等，2014[④]），但这种影响作用在我国整体上呈现弱化态势。这一现象的原因既可能来自职业群体自身的结构变迁，也可能是我国全民健身计划实施的成效，当然也可能是因为体育参与已大众化。然而，结合数据中主观身体健康感的直接作用和交互作用发现，我们对全民体育参与的有效干预应该还是不够的。因为，从变迁视角来看，主观

---

① 姚磊. 新型城镇化进程中农村体育基本公共服务供给：有限性和有效性 [J]. 北京体育大学学报，2015，38（11）：7 - 16.
② 部义峰，周武，赵刚，等. 社会分层视阈下中国居民体育参与、偏好与层化研究 [J]. 中国体育科技，2015，51（5）：78 - 93.
③ 汤国杰，丛湖平. 社会分层视野下城市居民体育锻炼行为及影响因素的研究 [J]. 中国体育科技，2009，45（1）：139 - 143.
④ 李骁天，邢晓燕. 社会分层视角下中国城市社区居民体育锻炼行为分析——基于 CGSS 数据的实证研究 [J]. 北京体育大学学报，2014，37（9）：17 - 25.

身体健康对不同社会阶层体育参与的影响并不显著，甚至随着年份的增加出现了弱化，在这一点上不得不对我国实施的全民健身战略作出一些思考，为什么一边是不断的投入，一边是产出的效果并不理想（如是否存在体育投入与民众参与的二元割裂现象?）。当然，这不是本书的研究范畴，在此不做进一步赘述。

针对上述问题，研究还发现，主观身体健康对不同社会阶层的体育参与是存在单门限效应的。这预示着如果以主观身体健康作为门限变量进行分段预估，社会阶层对体育参与的影响均不显著。结合变迁中主观身体健康的弱化趋势，表明社会阶层在主观身体健康上是呈现一致性的，没有体育参与的阶层差别。也就是说，在这一点上是不支持假设 1 的。同时，从分段预估模型来看，无论在哪段阈值范围，社会阶层对体育参与的影响均不显著，随着年份的增加也没有对不同社会阶层带来显著的影响，由此可见，当前我国居民的主观身体健康的作用性还是很有限的且在各阶层中是普遍行为。

在社会阶层的体育参与研究中，个人收入和教育程度一直是重要的解释变量，本研究在不同阶层的作用程度上也体现出两者的重要性，在这一点上是符合以往的研究结论的（韩秋红，2015[①]；周进国，2014[②]）。但本研究发现，单就个人收入对体育参与的作用而言，表现出变迁中的增强态势，与前面提到的主观身体健康变量相比，可以说我国居民的体育参与很大程度上仍然受个人收入的影响。但从个人收入与社会阶层的交互效应及变迁视角来看，无论是研究中的模型 1 还是模型 2，收入对不同社会阶层的影响表现出变迁中的弱化态势，即就不同社会阶层的体育参与而言，个人收入的影响差别在缩小。同时，从本文的门限分析和 OLS 模型分析发现，个人收入是存在双门限效应值的，并非是以往诸多研究采用的单纯线性模型，可能存在多个作用程度的拐点（门限值为

---

① 韩秋红. 社会分层与体育锻炼关系的实证研究 [J]. 广州体育学院学报，2015，35（1）：4 - 9.
② 周进国，周爱光. 社区居民体育人口与社会分层关系研究 [J]. 体育文化导刊，2014（5）：56 - 59.

8.8537 和 9.9035），这一发现预示，个人收入水平并不会单纯地遵循线性变化，可能会随着收入水平的增加产生对不同社会阶层体育参与的质的变化。

从对不同年份的 OLS 模型验证来看，如果单从后一年与前一年的比较来看，各解释变量呈现出的强弱变化是非常明显的。不同年份的变化幅度均比较大，但如果以 2013 年为基准线进行对比分析发现，社会阶层对体育参与的影响整体在降低或弱化，但个人收入仍占主导位置，呈现增强态势。反观主观身体健康及其他控制变量却呈现弱化态势。无论是何种原因导致，至少表明体育参与在我国已是大众化的一种行为，只是这种行为受主观身体健康的影响还比较弱，仍然在很大程度上受个人收入的影响，全民主动健康的意识还需加以引领和培育。

从本书研究的三个方面来看，社会阶层的体育参与研究作为体育社会学的一个重要分支，社会阶层对体育参与的显著影响是达成共识的，无论是青少年群体，还是特殊人群，这一结论是一致的。但本研究发现，这种现象在我国正呈现出逐渐弱化的态势，社会阶层的影响正在逐渐缩小，个人收入对体育参与的影响虽然占据主导位置，但从变迁的视角来看，对社会阶层的体育参与影响也正在弱化，即正在逐渐削弱经济状况的阶层差别，只是主观身体健康的作用未如人愿，表现出一定的弱化态势，这是一个值得注意的现象。

研究还发现，个人收入和主观身体健康作为体育参与的重要解释变量是存在门限效应的，即不会单纯的以线性模式存在。伴随着个人收入的增加，对社会阶层体育参与的影响会发生不同阶段的质的变化，但主观身体健康可能需要更大范围的观察。主观身体健康虽然存在单门限效应，但从不同分段预估模型来看，均没有表现出显著的意义。这也从一定程度上反映出，主动健康的意识还是不够，对体育参与的影响还不能产生较明显的质的变化。

5. 小结

在全民体育参与治理的发展进程中，体育参与的阶层分化是需要正视的一个理论和现实问题，弱化体育参与的阶层影响，实现社会阶层和人口特征视角下的全覆盖和异质性空间治理是最终实现健康中国行动的有效策略，也是全民健身及健康中国发展进程中面临的巨大挑战。同时，在"主动健康"正成为一种发展模式的今天，居民的主观身体健康意识显然应该有着更为重要的社会价值。从本研究来看，这种作用显然还并不突出，甚至有弱化的态势。且结合全国及不同省份居民的体育参与行为来看，整体上并没有显示出明显的进步，这也预示着中国居民的主动健康意识还是不足的。值得欣慰的是，个人收入和其他控制变量（年龄、户口等）均表现出了变迁历程中的弱化现象（虽然存在高门限效应下的体育参与阶层分化），这也表明我国的全民体育参与在不同职业群体或区域之间的差距正在缩小，全民体育参与正成为一种普遍行为，但这种普遍行为正面对个人收入和主观身体健康对社会阶层体育参与的双重弱化形态，为此，需加强主观身体健康的意识引导和治理，而本研究显示出绿色生态空间带来的积极意义，继续弱化体育参与行为的阶层分化，提升绿色生态空间建设，无疑会推动主动健康和共建共享的全民体育参与治理进程。

第四章

影响因素：城市绿地与公共健身区协同实施的基本变量

第一节　政策协同的影响

政策协同是提升城市绿地与公共健身区实施效应的关键变量，城市绿地与公共健身区的政策协同问题是指我国出台的相关绿地与健身政策在目标、措施及内容等方面的协同性，两者的有效结合更能体现两个部分或两个部门在实施全民健身计划方面的有效协同能力。评价的方式有多种，可以是两维度之间的协同度评价公式，也可以是各项政策之间的综合得分，本部分研究主要依靠不同政策维度的综合得分来衡量。同时，该部分主要考察了 1995 年《全民健身计划纲要》实施以来的相关政策，从而可以从历史演化的角度对该问题作出一定的政策梳理，有助于提高对该问题的政策性认识。

1. 政策文本实施范畴

（1）政策数量效力。

政策数量可以从一定层面反映城市绿地与公共健身区匹配实施的上层关注程度，课题组对自 1995 年以来有关城市绿地与公共健身区相关的全民健身政策进行汇总（见表 4.1），结果表明，自 1995 年以来关于城市绿地与公共健身区相关政策共 16 条，其中 9 条政策是由国务院颁发的，另外 7 条是由体育总局或体育总局与其他部门协同颁发的，因此，就政策力度而言还是比较高的，即权威性还是非常强的，但政策数量相对较少，且从内容来看缺少立法层面的相关政策，尤其是标准层面的建设内容，这会导致政策推行过程中缺少强制性手段和执行依据，具体施行过程会遇到诸多执行阻碍。

表 4.1 城市绿地与公共健身相关政策

年份	政策	城市绿地与公共健身相关内容
2006	《〈全民健身计划纲要〉第二期工程第二阶段（2006 – 2010 年）实施计划》	充分利用城市广场、公园等公共场所和适宜的自然区域建设全民健身活动基地，保证城市社区和农村村镇的经济实用型公益体育广场设施明显增加
2007	第十一批全民健身路径工程及后期批次工程	健身路径工程力求与城市、乡镇建设规划相配套，与周边环境及绿化、美化相协调，既方便群众健身，又不扰民、不损绿
2009	《全民健身条例》★	公园、绿地等公共场所的管理单位，应当根据自身条件安排全民健身活动场地
2011	《体育事业发展"十二五"规划》	有条件的公园、绿地、广场建有全民健身设施
2011	《全民健身计划（2011 – 2015 年)》★	有条件的公园、绿地、广场建有全民健身设施。充分利用公园、绿地、广场等公共场所和山水等自然条件，建设公共体育设施以及健身步道、登山道等户外运动设施
2012	《"十二五"公共体育设施建设规划》	有条件的公园、绿地、广场建有体育健身设施。建设和改造一批群众性户外健身场地，包括篮球、排球、足球、羽毛球、乒乓球、门球场地，健身步道和儿童游憩场地等
2013	《关于落实"十二五"公共体育设施建设规划有关事项的通知》	命名资助 150 个具有示范性的体育公园、健身广场、登山步道、全民健身户外活动营地。争取到 2015 年，50% 以上的地（市）辖区内都有一处具有示范性的命名资助 150 个具有示范性的体育公园、健身广场、登山步道、全民健身户外活动营地。其中体育公园建设标准要求植被覆盖率高

续表

年份	政策	城市绿地与公共健身相关内容
2016	《全民健身计划（2016—2020年)》★	结合国家主体功能区、风景名胜区、国家公园、旅游景区和新农村的规划与建设，合理利用景区、郊野公园、城市公园、公共绿地、广场及城市空置场所建设休闲健身场地设施
2016	《全民健身条例》（修订版）★	公园、绿地等公共场所的管理单位，应当根据自身条件安排全民健身活动场地
2017	《京津冀健身休闲运动协同发展规划（2016–2025年)》	根据京津冀三地功能定位，结合京津冀地形地貌、气候条件等自然资源，构建"一地""五区""五带""六路"的基本空间布局
2018	《百万公里健身步道工程实施方案》	因地制宜，绿色发展。根据各地区自然、人文条件和经济发展水平，以自然要素为依托和构成基础，节约集约利用资源，保护生态环境，注重可持续发展。并且有详细的建设标准，例如，健身步道主要建于河畔、田园、庄园、山林、郊野等区域，与公园绿地建设有机结合，交通便利，空气质量较好
2019	《体育强国建设纲要》★	全民健身场地设施，合理利用城市空置场所、地下空间、公园绿地、建筑屋顶、权属单位物业附属空间。合理做好城乡空间二次利用，积极推广多功能、季节性、可移动、可拆卸、绿色环保的健身设施
2020	《国务院办公厅关于加强全民健身场地设施建设发展群众体育的意见》★	要系统梳理可用于建设健身设施的城市空闲地、边角地、公园绿地、城市路桥附属用地、厂房、建筑屋顶等空间资源。优先规划建设贴近社区、方便可达的全民健身中心、多功能运动场、体育公园、健身步道、健身广场、小型足球场等健身设施
2021	《国务院办公厅关于科学绿化的指导意见》★	有效发挥绿地服务居民休闲游憩、体育健身、防灾避险等综合功能，加大城乡公园绿地建设力度，形成布局合理的公园体系，提升城乡绿地生态功能
2021	《全民健身计划（2021—2025年)》★	到2025年，新建或改扩建2000个以上体育公园、全民健身中心、公共体育场馆等健身场地设施
2021	《关于推进体育公园建设的指导意见》★	支持建设绿色为鲜明底色的体育公园；支持建设与自然生态融为一体的开敞式体育公园；支持建设有机嵌入绿色空间的体育公园；绿化用地占公园陆地面积的比例不少于65%

注：★表示政策颁布单位为国务院以上级别。

（2）政策文本内容。

通过课题组调研发现，与城市绿地和公共健身区匹配实施相关的政策最早出现在 2006 年，由国家体育总局颁发的《〈全民健身计划纲要〉第二期工程第二阶段（2006－2010 年）实施计划》，政策中在主要任务中强调了在"城市公园""自然区域"等建设全民健身活动基地，由此也开始了我国公共体育服务多元化建设的新阶段，城市绿地与健身区匹配实施得到了政策上的关注。2007 年之后的全民健身路径系列工程在建设方案的工程选址中均强调健身工程的实施应与绿化、美化相协调，做到不扰民、不损绿。《全民健身条例》、《全民健身计划》系列政策、《体育强国健身纲要》等重要的全民健身政策文件均在目标要求或任务中强调了公共健身区与绿地相匹配的重要性。上述提及的政策文件中关于城市绿地与公共健身区的匹配实施仅仅是在纲领中强调了其重要性，并没有具体的实施细则，包括任务分工、财政投入、监督评价、施工要求（选址、绿地覆盖面积、植被种类等）、人群分布特点或建设标准。不过 2018 年由国家体育总局等多部门联合颁发的《百万公里健身步道工程实施方案》这一政策文件明确了健身步道的具体实施细则，这是截至 2018 年唯一一个有详细实施方案的政策文件。在 2020 年后国家加大了对城市绿地与公共健身区匹配实施的关注，《国务院办公厅关于加强全民健身场地设施建设发展群众体育的意见》政策中强调，要系统梳理可用于建设健身设施的城市空闲地、边角地、公园绿地、城市路桥附属用地、厂房、建筑屋顶等空间资源，并优先规划公共健身区，体现了国家利用绿色空间资源建设公共健身区的规划。2021 年国务院颁布的《全民健身计划（2021－2025 年）》更是明确指出"到 2025 年，新建或改、扩建 2000 个以上体育公园、全民健身中心、公共体育场馆等健身场地设施"。在国家发展改革委会同有关部门起草形成的《关于推进体育公园建设的指导意见》中明确提出了体育公园绿化用地占公园陆地面积的比例不低于 65%，并且按人口 30 万、30 万～50 万和 50 万分成了三档，这既验证了国家对城市绿地与公共健身区匹配实施计划的重视，更是绿地与公共健身区匹配实施的一次标准化进步。

如果从 2006 年第一条有关城市绿地与公共健身区匹配实施政策颁布以来计算，可以将政策的演进大致分为三个阶段：第一阶段为概念性阶段：即政策的内容更多地倾向于建议或导向，实践上体现的是有条件地区或健身场所实现绿地健身区建设，主要是 2012 年之前在有条件的公园、绿地区域建设全民健身设施；第二阶段为推行或指导阶段：随着市民化社会的进步，以及我国城乡一体化建设的推进，政策逐渐开始关注示范性建设或指导性建设，从实践层面来看，运动休闲区、体育公园、体育小镇、健身步道、健身长廊等逐渐出现；第三阶段为规模性或标准性绿地健身区阶段，这一阶段主要是在 2020 年以后，在此之前，由于缺乏政策的可操作性，也缺乏具体的行业标准，导致城市绿地与公共健身区的实际实施是存在难度的，当然，也缺乏对应的评价标准，2020 年之后，首先从诸多文件中得到了具体的参考依据，尤其是《意见》中确立的"三个是和三个不是"以及绿地占地面积，这些都是政策内容上的一次显著进步，这也为我国城市绿地与公共健身区的匹配实施提供了具体参照。

同时，针对省级层面的政策文本，课题组也统计了部分省市层面的城市绿地与公共健身区匹配实施政策（见表 4.2），从表 4.2 中可见，各地具有城市绿地与公共健身区匹配实施的文件也相对较早，部分地市早在 2010 年以前就开始注重该方面的建设，但从整个文件政策的出台数量和相关标准度来看，北京市关于该方面的政策性指导相对全面。其中，北京市 2020 年颁布的《北京市体育设施专项规划（2018—2035年）》明确了体育公园健身及其设施建设标准细则，其他很多的政策文件只是在目标要求或任务中强调了其重要性。当然，由于主要是 2018年以后，所以从一个层面也可以看出，北京市关于城市绿地与公共健身区匹配实施的执行效果也只是近些年开始的，政策上也是最近一两年才加强了相关政策的贯彻实施（2020～2021 年共计 5 个相关政策文件）。

另外，虽然全国早在 2010 年前后都有了不同的文件出台，并提出了公共健身场所的自然性和生态性，尤其是"十三五"实施以来，在体育小镇、特色小镇、休闲城市、体育廊道和健身步道等方面的具体实

践体现，但是缺乏政策的具体性指导标准，同时，实践的建设上更多的
还是满足于公共体育设施的单纯性投入，匹配实施的力度还是不足，另
外，在 15 分钟健身圈的建设过程中，这种匹配实施的实践体现就更不
足，毕竟单靠体育公园建设的选址还不能满足城市的网格化需求。

表 4.2　　　　　有关城市绿地与公共健身区的相关政策文件

年份	相关政策文件
2007	《宿州市城市绿地系统规划》
2009	《上海市公园改造规划与设计指导意见》
2018	《广东省公共体育设施建设实施意见》
2019	《广州市社区全民健身设施建设和管理办法》
2011	《北京市全民健身实施计划（2011—2015 年)》
2015	《北京市人民政府关于加快发展体育产业促进体育消费的实施意见》
2016	《北京市全民健身实施计划（2016 - 2020 年)》
2017	《北京市全民健身条例》
2017	《北京市"十三五"时期体育发展规划》
2017	《"健康北京 2030"规划纲要》
2020	《北京市贯彻落实〈体育强国建设纲要〉实施方案》
2020	《北京市体育设施专项规划（2018—2035 年)》
2021	《北京培育建设国际消费中心城市实施方案（2021—2025 年)》
2021	《北京市人民政府办公厅关于促进全民健身和体育消费推动体育产业高质量发展的实施意见》
2021	《北京市 2021 年办好重要民生实事项目分工方案》
2021	《关于推进上海市公园城市建设的指导意见》

2. 方法设计与测评模型

（1）维度与模型。

政策目标、政策措施及政策内容是政策体系的核心要素，它们与政
策实施效果有密不可分的联系。政策效力由政策颁布机构级别和政策类

型决定，它反映了政策本身法律效力的高低，直接影响政策实施的效果。考虑到政策实施效果一方面受政策效力的影响，另一方面与政策目标、政策措施及政策内容等核心要素有着密切的联系，基于此，本研究从政策效力、政策目标、政策措施及政策内容等维度对我国全民健身政策进行量化评分。此外，通过构建协同度计量模型对政策文本的量化结果进行分析，揭示我国全民健身政策协同度演变过程。

（2）政策量化指标。

①政策权威性赋分。

政策的权威性反映了政策的执行力度或决心程度，权威性越高往往预示着政策的执行力或法律效力就越强，以往诸多研究者也曾指出我国全民健身政策执行阻滞的一个主要原因是政策的权威性不足。为此，这里对政策的权威性进行了一定的文本分析，能够从一定层面反映出我国城市绿地与公共健身区匹配实施的力度和效力。本书基于目前较为成熟的政策效力量化思想，并根据收集到的470篇全民健身政策的颁布机构级别和政策类型，完善制定了我国全民健身政策权威量化赋分标准（见表4.3）。

表4.3   **政策效力量化标准**

得分	政策效力量化标准
5	全国人民代表大会及其常务委员会颁布的法律
4	国务院颁布的行政法规
3	国务院颁布的方案、计划、规划、通知等规范性文件
2	部门颁布的规章制度
1	部门颁布的方案、计划、规划、通知等规范性文件

②政策目标量化赋分标准。

通过分析大量全民健身政策的文本内容，可以发现增强全民体质、促进全民健康是全民健身政策的主要目标，强化全民健身意识、科学健身、建立健全全民健身公共服务体系、促进体育产业发展四个次要目标是主要目标的补充。根据以下标准，对五个政策目标进行赋值评分，由高到低分别为 5 分、3 分、1 分，分数越高表明政策目标越详细越重要，如果政策中未提及某项目标，则不赋值。具体标准如表 4.4 所示。

表 4.4　　　　　　　　　政策目标量化标准

政策目标	得分	评判详细标准
增强全民体质促进全民健康	5	政策目标或指导原则中明确增强全民体质促进全民健康的重要性，并在工作任务中贯彻实施增强全民体质促进全民健康理念
	3	强调增强全民体质促进全民健康的重要性
	1	仅提及增强全民体质促进全民健康
增强全民健身意识	5	政策目标或指导原则中明确增强全民健身意识的重要性，并在工作任务中贯彻实施增强全民健身意识理念
	3	强调增强全民健身意识的重要性
	1	仅提及增强全民健身意识
科学健身	5	政策目标或指导原则中明确科学健身的重要性，并在工作任务中贯彻实施科学健身理念
	3	强调科学健身的重要性
	1	仅提及科学健身
建立健全全民健身公共服务体系	5	政策目标或指导原则中明确建立健全全民健身公共服务体系的重要性，并在工作任务中贯彻实施建立健全全民健身公共服务体系理念
	3	强调建立健全全民健身公共服务体系的重要性
	1	仅提及建立健全全民健身公共服务体系
促进体育产业发展	5	政策目标或指导原则中明确促进体育产业发展的重要性，并在工作任务中贯彻实施促进体育产业发展理念
	3	强调促进体育产业发展的重要性
	1	仅提及促进体育产业发展

注：为了便于评分人员对量化标准的理解和把握，对于政策目标仅给出了 5 分、3 分、1 分的赋值标准。

③政策文本内容量化标准。

政策文本内容既是对目标的一种反映，也是对绿地与公共健身区匹配实施的一种具体反映，当然，内容的反映有的只是一种口号或原则性指示，有的是一种建议，有的是一种标准，鉴于不同的表达形式，根据内容的可操作性和涵盖面等方面笔者给予一定的赋分。当然，不同的研究者对文本内容的赋分标准不一，有学者从权威型、激励型、能力型或指导型等方面给出不同类别的含义及标准，有学者从政策文本内容的覆盖性方面给出量化赋分，但无论怎样，通过对文本内容的不同视角分析，可以从一个层面反映某一问题政策的实施进程或实施力度。

本书基于对 1995 年以来全民健身政策文本中的各项内容梳理分析，并结合全民健身开展的具体流程，将政策文本内容划分为活动内容、保障内容（财政和设施）、指示内容（文化宣传、监督评估、表彰等）和安全内容。内容评分标准分别为 5 分、4 分、3 分、2 分、1 分，政策中未提及内容不赋值，具体量化标准见表 4.5。

表 4.5　　　　　　　　　　　政策内容量化标准

政策内容	得分	评判详细标准
活动内容	5	有明确且详细的绿地与健身或体育活动细则方案
	4	有较为详细的生态性体育场所活动细则方案
	3	强调在自然生态空间健身活动的重要性
	2	有大概的生态性或自然性健身活动方案
	1	仅提及生态性体育或健身休闲活动
保障内容	5	有明确且详细的绿色生态健身设施方案细则、标准或财政方案细则
	4	有详细的绿色生态健身设施方案细则或财政方案细则
	3	有大概的绿色生态设施方案细则或财政方案细则
	2	强调绿色生态健身设施或财政措施在全民健身中的重要性
	1	仅提及绿色生态全民健身设施或财政

续表

政策内容	得分	评判详细标准
指示内容	5	有明确且详细的绿色生态健身体育文化宣传、监督评估、表彰等细则方案
	4	有明确且详细的绿色生态健身体育文化宣传或监督评估或表彰方面的细则方案
	3	有大概的绿色生态健身体育监督评估或表彰方面的细则方案
	2	强调绿色生态健身体育监督评估或表彰的重要性
	1	或仅提及绿色生态健身文化宣传或监督评估或表彰
安全内容	5	有明确且详细的绿色生态健身场所等方面的安全细则
	4	有较为详细的绿色生态健身场所安全细则
	3	有大概的绿色生态健身场所安全细则
	2	强调绿色生态健身组织或场所安全防范措施
	1	仅提及绿色生态健身场所安全措施

④政策协同计量模型。

通过对政策的量化评分，课题组得到了 1995～2020 年全民健身政策的各项指标数据，为了便于构建政策协同计量模型，本书对政策各项指标及其他变量进行了命名（见表 4.6）。

表 4.6   变量定义表

变量	含义
政策颁布数量	科学健身
政策权威	健全全民健身公共服务
政策目标分数	促进体育产业发展
政策内容分数	居民健康素养水平增长率
政策整体协同度	绿色生态体育活动组织
政策目标协同度	绿色生态体育场所保障内容
政策内容协同度	绿色生态体育指示内容
提升全民健身意识	绿色生态体育安全内容
增强全民体质促进全民健康	

一项政策需要组合使用不同政策内容以实现多个政策目标，而政策权威越大，政策目标越明确，政策使用的各个政策内容越具体，政策的协同状况就会越好。基于武珊珊（2014）、翁钢民（2015）等对协调发展的研究，将全民健身政策权威、政策目标、政策内容合为政策总体协同度，政策权威和政策目标合为政策目标协同度，政策权威和政策内容合为政策内容协同度，其公式如下：

$$c = \left[\frac{f(u) \times f(e)}{\left[\frac{f(u) + f(e)}{2} \right]^2} \right]^k$$

协调度 c 的取值在 $0 \sim 1$，数值越大，两系统越协调；$K(k \geqslant 2)$ 为协调系数，用来调节评价结果的区分度。由于政策权威与政策目标是两个方面，政策权威与政策内容是两个方面，所以此处取 $K = 2$。

3. 政策协同水平

（1）政策颁布机构与类型。

自 1995 年以来，参与颁布实施全民健身政策的机构不断增加，由最初的国务院、国家体委、教委、民委、全国总工会、共青团中央、全国妇联、残联等 14 个部门，至 2020 年底，逐渐发展为以国务院为主导，以国家体育总局为中心，联合教育部、财政部、卫生部、文化和旅游部、国家发展改革委、住房和城乡建设部、教育部、民政部、自然资源部等 40 多个部门的机制体系。政策颁布实施机构的增加体现了国家对全民健身政策的日益重视，同时，也展现出多部门联动机制建立的必要性，预示着城市绿地与公共健身区匹配实施进入了多部门联动机制发展阶段。

在政策的整理中发现，全民健身政策的权威性和连续性还有待进一步提高，在全部 470 个全民健身政策中，绝大多数是以通知（296 个）、办法（49 个）、规划（37 个）、意见（38 个）、决定（28 个）等形式颁布，而以政策法规形式颁布的只有 21 个，以法律形式颁布的政策仅有《中华人民共和国体育法》1 个，且时间分布不均。

（2）政策数量及权威演变。

自1995年《全民健身计划纲要》实施以来，全民健身的重视度逐渐提高，工作格局也随之发生变化。以2008年北京奥运会为过渡，全民健身的工作格局由服务于体育大国目标转向体育强国目标，2014年后格局中又增添了新的元素——全民健康，形成了全民健身与全民健康深度融合的健康中国格局。如果从单纯的全民健身政策权威性来分析（见图4.1），政策权威存在一定的波动性，一直到2009年以前，可以说政策的波动性相对较大，2009年以后开始趋于平缓，并在"十三五"时期开始呈现明显的上升态势。由于我国的绿色生态体育空间建设主要起步于2006年，且权威性还是相对较低，主要是国家体育总局提出的《全民健身计划纲要》（2006－2010年），应该说直到2016年以后，随着绿色生态体育空间需求的不断升温，各种绿地与公共健身区匹配实施的政策才逐渐系统化和标准化。由此来看，针对绿地与公共健身区匹配实施的政策数量是在2016年后才开始增加，但主要局限在国家体育总局、国家发展改革委等部门，无论是政策的权威性还是政策的数量都需要提升。

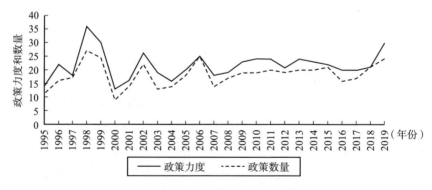

图4.1　全民健身政策数量与权威的演变

（3）政策协同演化。

政策整体协同度、目标协同度、内容协同度三者增长趋势大致相同，均呈逐渐上升趋势（见图4.2），对绿色生态体育空间的政策文件、目标及内容以2006年为起始标志，对每一个五年计划的起始年为统计年（限于写作需求，"十四五"统计年为2020年）。从整个情况来看，目标协同、内容协同和整体协同的趋势是明显的，但协同度整体还是不高，当然，随着我国对绿色生态空间建设导向和理念的不断深入，全民健身战略也表现出绿色生态体育空间建设需求高涨的局面，从《全民健身计划（2016-2020年）》《全民健身计划（2021-2025年）》《关于推进体育公园建设的指导意见》等政策中均可见绿色生态体育空间建设的明确内容，并逐渐上升到标准化建设的层面。

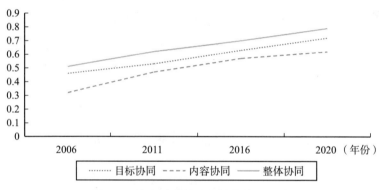

图4.2 全民政策协同度演化情况一览

就政策协同目标来看，鉴于我国全民健身政策的核心目标是提高国民体质和健康水平，其他政策目标都是为核心目标服务，因此，本研究主要考查的是核心目标与绿色生态体育空间政策目标之间的协同度。不难发现，政策目标协同情况与政策整体协同情况类似，也是依靠权威政策来提升政策目标之间的协同水平，说明全民健身政策的贯彻过程中对绿色生态体育空间建设的重视程度在2016年以前是不够的，或者说实践执行力不足。推进绿色生态体育空间建设，尤其是提升城市绿地与公共健身区匹配实施的政策执行力，不仅可以提升正式人群的体育参与率，更加能够提升非正式人群的体育参与水平，这在推动全民健身战略和健康中国战略的实施进程中是至关重要的一个基层治理环节。

从政策内容的协同演化来看，城市绿地与公共健身区匹配实施的关键是具体的实施标准、实施方案，即重在强化基础设施建设的标准化或可操作性依据，避免各自为政或应付型问题出现，从目前调研的情况来看，实施标准（如绿地与公共健身区匹配实施的比例或绿地覆盖率、场所面积等）和一些实施细则相对较少，在 2016 年以后，强化绿色生态体育空间建设的理念或文字表达逐渐成为一种常态，但重点还是强调了重要性，缺乏应有的可操作性标准。研究表明，各项政策内容占比由高到低分别为保障内容、引导内容、活动内容和安全内容，其中，安全内容和活动内容相对薄弱。

自 1995 年《全民健身计划纲要》颁布实施以来，全民健身政策大致可分为三个演变时期：体育大国格局时期（1995～2008 年）、体育强国格局时期（2009～2014 年）和健康中国格局时期（2015 年至今）。这极大地提升了我国全民健身事业的发展历程，尤其是"十二五"规划以后，公共体育服务建设全面铺开，政策上的力度和权威性不断加大，成为我国社会公共事业建设的一个重要体现。但从绿色生态体育空间建设来看，主要还是 2016 年以后的各项政策文件，截至目前，已逐渐开始关注城市绿地与公共健身区匹配实施的标准化，但由于起步相对较晚，政策的数量和权威性还是相对不足，这也导致了我国政策目标、政策内容及整体的协同程度还是不高，实践的普及面也还较低，实践实施路径还有待于不断探索。

目前，城市绿地与公共健身区匹配实施政策呈现多元主体协同治理趋势，但权威性和连续性仍需提高，演进中的政策协同主要依靠文件数量，而非政策效力本身。同时，从本研究的实际调查来看，当前关于城市绿地与公共健身区匹配实施的政策仍然表现为以通知、意见类文件为主，法律法规性文件偏少，导致政策的法制约束力不强，在贯彻实施过程中遇到诸多阻力。另外，各项内容的表达也以原则、建议、应该等指导性内容为主，这在一定程度上也必然限制政策文件的执行力。

4. 启示

（1）建立全民健身整体联动机制。

从全民健身政策参与部门的演变可以看出，全民健身已经呈现出多元协作趋势，而且 2016 年底，国务院建立了全民健身工作部际联席会议制度，这使得纵向、横向政府部门以及体育社会组织之间的多元协同治理已初具雏形。但是由于跨界合作存在着各种利益冲突，如权责分配不清晰、资金来源与分配不合理、信息共享机制不健全、根深蒂固的部门传统导致合作不信任等问题，这使得我国全民健身事业没有达到整体高效联动的效果。2020 年 10 月 10 日，国务院下发《关于加强全民健身场地设施建设发展群众体育的意见》，在提及提升群众体育时强调"丰富社区体育赛事活动，打造线上与线下比赛相结合、全社会参与、多项目覆盖、多层级联动的'全国社区运动会'"，明确提出了要建立一种上下多层级联动的全民健身体系。由此可见，我国全民健身公共服务的首要任务是建立健全全民健身整体联动机制，通过提升政府、部门、社会组织等多元协作水平来提高全民健身服务的质量。

全民健身整体联动机制（见图 4.3）以国务院为主导，国家体育总局为中心，联合教育部、财政部、全国总工会等众多部门，通过合理的分工、协作、制衡，以及第三方服务形式吸纳社会力量，形成一个三维立体联动的全民健身公共服务体系。纵向上明晰各级政府权责，避免出现"职责同构"现象，同时发挥各级政府的监督问责职能，对全民健身政策过程中的系列行为进行约束；横向上通过工作部际联席会议或建立综合部门协调机制（分工机制、合作机制、制衡机制），设计、评估和管理跨部门协作分工，以整合管理上的碎片化，明确各部门具体职责，避免出现笼统化和可操作性低的描述；同时政府以购买服务的形式将部分健身服务事项放权于社会组织，充分调动社会力量全面推动全民健身事业。通过构建横向、纵向以及政府内外的三维动态联动机制，使全民健身工程高效率运转。

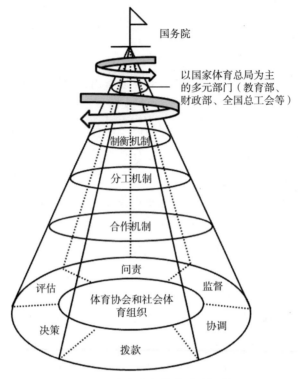

图 4.3 全民健身整体联动机制

（2）加强全民健身法制建设。

研究显示，我国全民健身政策效力高低主要依赖于政策数量，而非政策效力本身，由此可见，法治建设方面的薄弱已然制约了全民健身的发展。全民健身政策中法律法规少、部门规章制度多，这一立法层次低的特点使得全民健身政策在施行的过程中缺乏刚性约束，一些政府部门会在公共服务供给过程中出现责任不到位的情况，而下行部门往往也会避重就轻，出现"上有政策，下有对策"的情况，导致中央理念得不到充分贯彻。因此全民健身法制建设的首要任务是增补高位阶的法律规范，制定全民健身公共服务的专项法律，明确基本标准、服务主体、财政经费和各级政府权责，以完善全民健身法治的顶层设计。其次是加强多元供给关系的法规政策。政府购买服务的形式已经出台，全民健身公共服务供给主体由一元化逐渐向政府、市场、社会组织多元化转变，这使得公共服务实践呈现出更加复杂化的局面，而相关多元化协作方面的法规政策缺失，导致各类全民健身服务主体法律关系不清，职能定位不明确，尤其是作为推进体育公共服务的主导者，体育行政部门对于自己是否"越位"、"缺位"或"错位"没有法律上的判断标准。因此有必要完善相关法律法规，让更多的全民健身政策尽快进入法律法规共时态历程，划清政府购买公共服务的权限、限定体育社会组织的购买资质、出台监管政府购买服务行为的制度规范，以保障全民健身多元化服务政策的施行。

（3）不断吸纳全民健身新元素。

全民健身政策的制定要符合我国国情，并满足广大民众的健身需求。通过对全民健身政策文本的分析，近年来我国对全民健身提出了更高更细致的要求，在完善公共服务体系的同时，更加注重优化全民健身生态环境，推动全民健身与全民健康深度融合。生态运动空间是指以城市公园、森林、田园小径及开放水域形成的公共绿地资源与全民健身服务协同实施的一种运动空间设计，体现了一种绿色生态与健身结合的理念；全民健身与全民健康融合是依靠体育部门与医疗卫生部门相互协作使民众形成科学的健身行为，达到预防疾病、治疗以及康复的目的，体现了一种体医融合式的健身理念。两种健身理念更加贴合民众的健身需求，是国家健康战略的重要内容，但从以往的全民健身政策文件来看，这些政策关注点主要体现在2016年以来的文件当中，这对于提升全民健康和全民幸福指数起着十分重要的作用，后续政策的制定也应顺应时代的潮流，着重强化相关政策措施。

（4）提高全民健身政策意识。

我国全民健身政策施行25年以来取得了显著成绩，但全民健身意识显然还是一个短板，体育人口与发达国家相比还存在一定差距。排除经济发展水平的制约，造成这种现象的原因之一就在于全民健身政策贯彻力度不足，尤其是政策目标中有关全民健身意识的协同度还有待提升。健身意识是健身行为的先导，只有全民健身意识得到整体大幅提升，政府支持性政策才能收到良好效益，民众才能形成自发持久的健身行为，从而有效推进全民健身事业的可持续开展。为此，首先，要从政策保障上转变民众的健身认知（如建立全民健身的回应型政策），让更多的居民了解并参与到政策互动当中，并进一步改变传统上"无病即是健康，健康无需锻炼"的错误观念，借助报纸、电视网络等媒体以及社区活动、体育赛事等方式宣传和普及科学健身知识。其次，要着重培养健身指导人员和政府公职人员的健身意识。他们是全民健身工程引导、实施和管理的关键人群，对全民健身理念的认可和理解程度直接决定贯彻执行的力度和深度。可以通过开展培训学习班、知识讲座、研讨会等方式加强宣传教育。最后，要加强政府全民健身治理能力的塑造和培育。鉴于跨部门合作在全民健身事业中的决定性作用，各级政府要着重培养公职人员的协调、合作能力，实现《意见》中提出的高效联动机制建设。

5. 小结

自 1995 年《全民健身计划纲要》颁布实施以来，全民健身政策大致可分为三个演变时期：体育大国格局时期（1995～2008 年）、体育强国格局时期（2009～2014 年）和健康中国格局时期（2015 年至今）。前期政策效力波动幅度大，中期趋于平稳，后期进入上升期。全民健身政策呈现多元主体协同治理趋势，但权威性和连续性不足，尤其是执行受到阻滞，演进中的政策协同主要依靠文件数量，而非政策效力本身。同时，全民健身政策整体协同、目标协同、措施协同的演变趋势大致相同，均呈震动波动型，主要受权威机构政策的约束，各维度政策中也存在不同程度的协同度不足问题，如目标协同中的全民健身意识与健康水平协同度。加之，当前全民健身政策仍然表现为以通知类文件为主，法律法规性文件偏少，导致政策的法制约束力不强，在贯彻实施过程中遇到诸多阻力。

具体到城市绿地与公共健身区匹配实施的相关全民健身政策，自2006 年《全民健身计划纲要》第二期工程第二阶段（2006～2010 年）

实施计划以来，政策演进大致分为三个时期：有条件绿地健身区阶段（2006～2012 年）、示范性绿地健身区阶段（2013～2017 年）和规模性绿地健身区阶段（2018 年至今），整体演进呈现一个良性发展趋势。但城市绿地与公共健身区匹配实施相关政策数量少、法律强制性低，而且绝大多数政策只是在总纲中提及绿地与公共健身区匹配实施的重要性，并没有详细的实施细则，这些弊端将会掣肘政策的顺利推行。从省市级城市绿地与公共健身区匹配实施相关政策（以北京市为例）来看，政策的贯彻实施效果并不是很理想。

全民健身政策协同情况不是很理想，尤其是城市绿地与公共健身区匹配实施的政策协同情况。未来，建立高效联动机制、强化法治建设、提升健身政策意识、顺应绿色生态式和体医融合式健身潮流将是政策设计的主要导向。同时，这种政策协同还应在参与主体上作出明确的界定并畅通参与渠道，如居民作为政策的直接受益者，也是最终受益者，应在政策中作出明确的界定，并制定政策反馈机制，实现政策渠道的上下畅通或协同。

第二节　主体制度体验的影响

何为主体制度体验？主体即是健身空间中体育参与的各居民群体，这里为何要考虑主体的制度体验？主要是因为我国的全民健身事业已发展了近 30 年，然而居民的体育参与水平始终较低，或者说还不尽如人意，即各项政策的加法并没有带来体育参与的加法变化，究其原因，虽然是多方面的，如经济、社会、文化等，但其中一个重要的原因是主体制度体验不足，即国家出台了多项公共体育健身政策，但在实际执行过程中，居民主体缺乏应有的体验。这既可能是主体意识不足导致的，也可能是国家对政策的执行和宣传组织不够导致的。当然，从制度学视角来看，更缺乏相应的政策回应型制度建设，也就是说，我国公共体育服务政策的执行更多的是一种由上之下的单向模式，缺乏由下而上的反馈性政策制度渠道，那么，这种不畅性同样也引发了我国居民对制度体验的不足。为此，新时代城市绿地与公共健身区的匹配实施不能仅仅是政策的下达或转发，更要注重政策的宣传和组织，实现政策执行的回馈性建设。那么，这里就需要对主体制度体验的影响机制加以探讨，明确其原理和要素作用，为城市绿地与公共健身区的协同实施提供理论依据。

在十一届全国人大三次会议上，国务院《政府工作报告》中明确提出"大力发展公共体育事业"，公共体育事业第一次成为最高国家权力机关和最高国家行政机关确定的体育事业发展方向。在国务院印发的《国家基本公共服务体系"十二五"规划》（2012 年）中明确要求实施基本公共体育服务建设工程，制定了"十二五"时期基本公共体育服务的国家基本标准，由此标志着中国公共体育服务事业进入了快速发展的新时期。自此，无论是国家的宏观政策指导，还是学者们依此选题展开的研究，公共体育服务在我国系统快速的发展开来。城市绿地与公共健身区协同实施更是在"十四五"规划中明确提出，同时，国家发展和改革委员会会同有关部门起草了《关于推进体育公园建设的指导意见》，明确提出了体育公园绿化用地占公园陆地面积的比例不低于65%的标准，并归纳了"三个是三个不是"的建设导向。为此，时至今日，中国公共健身体育服务在治理政策、体制与机制研究、资源配置效率、评价与发展战略等方面作出了深层次的研究，但对于国家或地方出台的以全民体育参与为导向的政策制度，对于以顾客为视角的中国居民而言，是否清楚？并由此在多大程度上影响了居民的体育参与行为？需要给出一些答案，这也势必影响我国公共体育服务的战略进程，并最终推动健康中国行动的实现。

同时，考虑到职业特征、人力资本、代际差异等主体变量不同而导致的主体"公共体育制度体验"（以下简称"制度体验"）的异质差异性，为此，本课题组从居民层面来测量和论证体育参与的主体"制度体验"，采用"中国综合社会调查（CGSS）"（2020 年）数据库作为数据源，在进一步考查主体制度体验对体育参与影响的同时，注重观察职业特征、人力资本及控制变量的影响差异性，同时，对相关影响变量（个人收入、主观身体健康等）从门限效应的角度进行考察，从而预防伪回归线性现象的出现，并进一步验证代际和空间区域可能表现出的"制度体验"影响差异。

1. 数据与方法

（1）数据。

数据来源于中国综合社会调查（CGSS）2020 年的数据，本研究样本涉及 31 个省、自治区、直辖市，在对原始数据进行整理筛选后（剔除缺失值和未回答样本），共生成体育参与群体 302217 人，主体制度体验群体 9421 人。其中，体育参与变量包括参加体育锻炼和观看体育比赛两部分题项生成，制度体验由问卷中的"您在多大程度上同意下面这个说法：像我这样的人对政府要做的事情没有发言权"计算得出，选项包括非常同意、同意、说不上同意不同意、不同意、非常不同意、无法选择，具体统计过程中删除了无法选择群体样本（基本信息见表 4.7）。同时，根据国家统计局对我国东部、中部、西部地区的划分标准，从区域视角分析了主体"制度体验"对体育参与的影响差异。

（2）变量。

因变量：主体的绿色生态空间体验：对问卷中的"您对以下观点的同意程度如何？"及"我对周围的自然环境感到满意"进行了得分计算，具体选项包括非常不同意、不同意、有点不同意、有点同意、同意、非常同意、不知道和拒绝回答，计算得分中剔除了不知道和拒绝回答题项。

自变量：包括主体的"制度体验"和主体特征两个方面的变量。

主体的"制度体验"：本研究中的"制度体验"操作化为"您在多大程度上同意下面的这个说法：像我这样的人对政府要做的事情没有发言权"，打分题项为非常同意、同意、说不上同意不统一、不同意、非常不同意、无法选择，具体计算过程中剔除了无法选择题项，并对分数进行了翻转计算，且以连续变量进行统计分析。

表 4.7 　　　　　　　　　　　　变量值的描述性统计

变量（单位）		类别（编码）及分布	变量（单位）	类别（编码）及分布
因变量	主体绿色生态空间体验（分）	均值＝3.86	体制身份	事业单位 17.72%
		标准差＝1.93		军队 0.21%
自变量	主体制度体验（分）	均值＝2.14		党政机关 3.21
		标准差＝1.33	户籍状况	农业（1）51.34
	人口特征			非农业 48.66
	性别（%）	男（1）45.32%	人力资本	
		女 54.68%	教育程度（级）	均值＝4.93
	年龄（岁）	均值＝48.13		标准差＝3.10
		标准差＝18.26	个人年收入（对数）	均值＝10.03
	婚姻（%）	未婚（1）10.14%		标准差＝3.22
		已婚 89.86%		
	职业特征	无单位/自雇（1）35.26%		
		社会团体 2.37%		
		企业 41.23%		

注：将体育参与人群分为没有受过任何教育、私塾、小学、初中、职业高中、普通高中、中专、技校、大学专科（成人高等教育）、大学专科（普通高等教育）、大学本科（成人高等教育）、大学本科（普通高等教育）、研究生及以上等级，并分别编码为 1～13。

主体特征变量：主要从人口特征、职业特征、体制身份、人力资本方面考察。

人口特征包括三个变量：一是性别（男性编码为 1；女性编码为 2）；二是年龄（连续变量）；三是婚姻状况（未婚编码为 1，其他设为 2）。

职业特征：CGSS 数据调查中将职业划分为无单位/自雇（包括个体户）、社会团体、企业、事业单位、军队、党政机关和其他，统计分析中未考虑"其他"类别，将以上六种职业按 1～6 进行编码统计。

体制身份：设农业户口为 1，其他设为 2，并剔除"没有户口"和

"其他"两个选项。

人力资本：主要包括教育程度和个人收入两个变量，教育程度依据CGSS 数据库设置，从没有受过教育到研究生及以上分别设为 1～13；个人收入变量主要指的是个人年收入，是人口社会学分析的重要涉及变量，由于该变量为非线性变量，统计中采用自然对数进行了数据转换 $[\ln(x)]$，文中表达为个人收入。

代际：参照以往对代际的划分研究，本研究以 1990 年出生年份为界，将体育参与群体分为老一代和新生代。

区域：根据我国国家统计局对东中西部的划分标准，将我国不同省份分为东部、中部、西部地区进行模型建构，并进一步以省域为基本分析单元，从空间格局及集聚角度分析体育参与和制度体验的相关差异性。

（3）模型设置。

模型 1：OLS 线性模型：研究中为了验证"制度体验"对主体"绿色生态空间体验"的影响，分别设置了 4 个模型（模型 1～4），逐步从人口特征、职业特征、体制身份及人力资本变量角度引入模型，在考察"制度体验"影响的同时，验证相关解释变量引入后的变化效应，从而进一步考察"制度体验"的影响差异，同时，研究中以代际为视角，进行了代际线性模型分析，以考察代际解释变量的差异性。

模型 2：门限模型：由于本研究需要考查主体"制度体验"对"绿色生态空间体验"的影响，并考查是否存在门限值，即主体"制度体验"到多大水平才能激发居民对绿色生态空间体验的提升，从而突破以往单纯以线性回归造成的伪回归效应。

模型 3：Moran' I 指数：Moran' I 指数法是分析全局空间自相关和局部空间自相关的主要分析方法，可以发现观测值在空间分布的差异性和集聚性，根据象限可以分为 H－H 关联（高值与高值：即得分高的省份与高的省份形成空间集聚）；L－L 关联（低值与低值：表示得分低的省份与低的省份在空间上集聚）；H－L 关联（高值和低值：表示得分高的省份被低的省份包围）；L－H 关联（低值与高值：表示得分低的省份被高的省份包围）。据此，可以更好地识别当下我国主体"制度体验"对居民体育参与影响的省际格局和形态。具体测算由 Arcgis10.2 和 Geoda2.0 软件完成。

2. 数据结果

（1）主体"制度体验"对绿色生态空间体验的影响效应。

首先来看"制度体验"变量对绿色生态空间体验的影响（见表4.8），模型1显示，"制度体验"对绿色生态空间体验产生了积极的显著影响，且人口特征各变量的作用也较为明显，这一点验证了主体"制度体验"影响现象和存在人口特征的不同。从模型2和模型3来看，随着职业特征变量和体制身份变量的引入，"制度体验"的影响变为不显著，这预示着职业特征变量和体制身份变量的影响作用要明显地优于主体"制度体验"，这在一定程度上说明目前对于中国居民的绿色生态空间体验而言，可能更多地受职业群体的不同或城乡差异的影响，主体"制度体验"的推动作用还不明显。当然，从模型4来看，在引入人力资本变量后，"制度体验"还是表现出了显著的意义，但从作用系数来看，主体"制度体验"的影响是明显低于其他变量的，主体"制度体验"每提高1个百分点，绿色生态空间体验感提高0.007，职业特征、人口特征、体制身份及人力资本等变量的影响作用显然更为明显。

表4.8　　　　　　主体制度体验对绿色生态体验的影响

解释变量	模型1	模型2	模型3	模型4
人口特征				
性别（男=1）	-0.254 *** (0.036)	-0.268 *** (0.060)	-0.291 *** (0.058)	-0.213 *** (0.061)
年龄	-0.007 *** (0.001)	-0.005 (0.005)	-0.011 * (0.003)	0.006 (0.003)

续表

解释变量	模型 1	模型 2	模型 3	模型 4
人口特征				
婚姻（未婚＝1）	-0.692 *** (0.066)	-0.363 *** (0.090)	-0.314 *** (0.092)	-0.247 ** (0.093)
主体制度体验	0.005 *** (0.003)	0.004 (0.003)	0.004 (0.004)	0.007 * (0.004)
职业特征				
无单位/自雇（1）				
社会团体		0.872 *** (0.194)	0.614 *** (0.191)	0.533 ** (0.173)
企业		0.569 *** (0.068)	0.414 *** (0.069)	0.256 *** (0.083)
事业单位		1.134 *** (0.088)	0.835 *** (0.087)	0.432 *** (0.082)
军队		2.483 *** (0.524)	2.254 *** (0.547)	1.741 *** (0.441)
党政机关		1.191 *** (0.158)	0.845 *** (0.157)	0.464 * (0.182)
体制身份				
户籍（农业＝1）			0.655 *** (0.061)	0.363 *** (0.068)
人力资本				
教育程度				0.116 *** (0.013)
个人收入（对数）				0.175 *** (0.034)
常数项	4.637 *** (0.072)	3.426 *** (0.163)	4.515 *** (0.172)	0.833 * (0.383)
R^2	0.0289	0.0744	0.1046	0.1542

注：括号内为稳定标准误；＊表示 $p < 0.05$，＊＊表示 $p < 0.01$，＊＊＊表示 $p < 0.001$，下同。

从其他解释变量来看，职业特征、体制身份及人力资本等变量的显著作用是可以肯定的，且是稳定的，从模型1~模型4来看，各特征变量均表现出了显著的积极意义，这一方面说明这些变量对绿色生态空间体验的正向影响，同时，也反映出当前我国居民绿色生态空间体验存在职业群体和体制身份上的明显差异，全覆盖性的绿色生态空间治理还有待完善和提高。同时，从人口特征变量来看，除年龄变量表现不稳定外，其他变量表现出显著的影响效应，性别上表现出男性优于女性，未婚人群优于已婚人群。

同时，这里为了避免上述线性模型造成的伪回归现象，需要对研究中涉及的"制度体验"特征变量进行门限效应分析，验证是否存在门限值，然后根据门限值范围进行分段回归或预估。从本研究的门限效应检验（遵循三门限效应验证原理，见表4.9）来看，主体"制度体验"并未存在显著的门限效应值，为此，根据总模型（模型4）的"制度体验"对绿色生态空间体验的显著影响推测，中国居民绿色生态空间建设的"制度体验"影响应是遵从线性模式的，为此，这就需要国家或地方政府行为的不断强化和引导，注重持续性治理。

表4.9　　　　　　　　　　门限效应检验

模型	门槛估计值		F	P	BS	临界值		
						1%	5%	10%
主体制度体验	单门限	70.14	3.22	0.47	300	14.14	8.82	7.47
	双门限	81.32	1.13	0.82	300	7.26	6.14	5.11
	三门限	87.23	1.14	0.73	300	13.02	4.34	3.57

（2）代际差异模型。

研究表明，主体"制度体验"对绿色生态空间体验的影响存在明显的代际效应（见表4.10），"制度体验"对新生代绿色生态空间的影响不显著，对老一代表现出显著效应，表明"制度体验"在老一代中国居民更会产生积极的影响；婚姻这一人口变量的作用在代际表现出明显的正反方向差异，对于新生代而言，未婚人群对绿色生态空间的影响是更为积极的，但对于老一代而言，已婚人群表现出明显的正向作用；年龄变量存在代际差异，新生代人群在年龄上不会有太明显的差异，但老一代会随着年龄的增加带来体育参与的明显提升；职业人群、人力资本等变量代际均存在显著差异，即这些变量对居民绿色生态体验的影响具有普遍性，不会因代际的不同发生明显的变化。

表 4.10　　　主体制度体验对绿色生态体验的代际效应影响

	新生代			老一代		
	模型 1	模型 2	模型 4	模型 1	模型 2	模型 4
控制变量						
性别（男 = 1）	− 0.733 *** (0.035)	− 0.734 *** (0.044)	− 0.717 *** (0.043)	− 0.333 *** (0.020)	− 0.345 *** (0.021)	− 0.314 *** (0.016)
年龄	− 0.015 ** (0.004)	− 0.005 (0.005)	− 0.007 (0.005)	0.002 (0.001)	0.003 (0.001)	0.014 *** (0.004)
婚姻（未婚 = 1）	− 0.852 *** (0.045)	− 0.331 *** (0.054)	− 0.181 ** (0.056)	0.434 ** (0.077)	0.315 * (0.128)	0.362 ** (0.124)
主体制度满意度	0.002 (0.001)	− 0.002 (0.003)	0.002 (0.004)	0.005 ** (0.002)	0.006 * (0.001)	0.009 ** (0.001)
职业特征						
无单位/自雇（1）						
社会团体		0.342 * (0.181)	0.075 (0.175)		0.663 *** (0.134)	0.452 ** (0.132)
企业		0.331 *** (0.063)	0.113 * (0.061)		0.512 *** (0.046)	0.402 ** (0.034)
事业单位		0.726 *** (0.081)	0.337 *** (0.092)		0.982 *** (0.073)	0.617 *** (0.072)

	新生代			老一代		
	模型1	模型2	模型4	模型1	模型2	模型4
职业特征						
军队		1.525 *** (0.412)	1.124 * (0.472)		1.748 *** (0.511)	1.163 ** (0.487)
党政机关		0.734 *** (0.131)	0.325 * (0.124)		1.046 *** (0.093)	0.592 *** (0.087)
体制身份						
户籍（农业=1）		0.661 *** (0.051)	0.294 *** (0.062)		0.823 *** (0.046)	0.564 *** (0.051)
所有制（私有=1）						
人力资本						
教育程度			0.141 *** (0.007)			0.152 *** (0.006)
个人收入（对数）			0.221 *** (0.018)			0.312 *** (0.021)
常数项	5.045 *** (0.174)	4.193 *** (0.321)	2.762 *** (0.317)	3.158 *** (0.223)	2.607 *** (0.314)	0.133 (0.340)
控制变量						
R^2	0.1152	0.1345	0.1671	0.0153	0.1438	0.1872

（3）区域差异模型。

认识区域差异性，可以更加清楚地认识我国不同地区的差异状况，在实施城市绿地与公共健身区协同实施的过程中更能够作出有效的治理决策。由于我国的区域差异性，我国居民绿色生态空间感是存在明显区域不同的，笔者在这里首先考察了我国不同省份居民绿色生态空间感的状况，结果显示，我国居民绿色生态空间感可以分为五种等级，且未能形成较高的空间聚集区域，省际之间仍然存在一定的差距，较高的省份主要是沿海地区和西南地区。据此，进一步根据我国行政区域的划分，对我国东部、中部、西部地区的主体制度体验对绿色生态空间感的影响进行了统计分析（见表4.11），从中可见，东部、中部、西部地区的影响机制存在一定的差别，东部和中部地区，主体制度体验是存在一定的显著影响，但在全模型中则未能表现出显著影响，表明其他变量的影响作用是明显优于主体"制度体验"，这也进一步验证了前面的相关结论；西部地区无论是基础模型还是全模型，均未表现出主体"制度体验"的显著影响，表明西部地区的公共体育制度体验效应还是相对落后；年龄变量的影响也存在显著的影响作用，表明我国不同地区居民随着年龄的增长会带来居民绿色生态空间感的提升。另外，其他解释变量均表现出显著的作用，且在不同模型中的表现出相对稳定，几乎不存在地区之间的差异，进一步表明当前不同职业群体、教育程度及个人收入对居民绿色生态空间理念的正向影响作用。

表 4.11　　我国不同地区主体制度体验对绿色生态空间感的影响

	东部地区		中部地区		西部地区	
	模型 1	模型 4	模型 1	模型 4	模型 1	模型 4
控制变量						
性别（男 =1）	-0.532^{***} (0.031)	-0.572^{***} (0.034)	-0.394^{***} (0.032)	-0.402^{***} (0.062)	-0.323^{***} (0.043)	-0.378^{***} (0.062)
年龄	0.005^{*} (0.002)	0.009^{**} (0.003)	0.009^{***} (0.004)	0.003 (0.004)	0.014^{***} (0.003)	0.003 (0.005)
婚姻（未婚 =1）	0.574^{***} (0.051)	0.143^{*} (0.064)	0.833^{***} (0.062)	0.267^{**} (0.095)	0.873^{***} (0.064)	0.291^{**} (0.112)
主体制度满意度	0.005^{*} (0.002)	0.003 (0.002)	0.005^{*} (0.002)	0.002 (0.003)	0.001 (0.002)	0.001 (0.004)
职业特征						
无单位/自雇（1）						
社会团体		0.412^{**} (0.152)		0.267 (0.201)		0.252 (0.234)

续表

	东部地区		中部地区		西部地区	
	模型 1	模型 4	模型 1	模型 4	模型 1	模型 4
职业特征						
企业		0.194 *** (0.045)		0.297 *** (0.062)		0.217 ** (0.083)
事业单位		0.474 *** (0.072)		0.434 *** (0.093)		0.603 *** (0.103)
军队		0.847 * (0.413)		1.731 * (0.057)		1.452 * (0.724)
党政机关		0.508 *** (0.201)		0.622 *** (0.132)		0.614 *** (0.210)
体制身份						
户籍（农业 = 1）		0.602 *** (0.046)		0.414 *** (0.056)		0.407 *** (0.067)
所有制（私有 = 1）						
人力资本						
教育程度		0.212 *** (0.009)		0.148 *** (0.022)		0.213 *** (0.021)
个人收入（对数）		0.172 *** (0.015)		0.104 *** (0.021)		0.113 ** (0.031)
常数项	4.723 *** (0.137)	1.602 *** (0.214)	4.514 *** (0.232)	1.902 *** (0.416)	4.738 *** (0.217)	1.902 *** (0.405)
控制变量						
R^2	0.0342	0.1785	0.1044	0.1893	0.1035	0.2017

由此可见，中国居民的绿色生态空间感整体仍需提升，同时，主体制度的体验影响尚小，这与我国长期以来推行的公共体育服务制度的加法是不相适应的，为此，提升主体的制度体验，继而提升绿色生态空间理念，并最终达到提升居民体育参与的目的，尤其是非正式人群的目

的，是一个基本的治理逻辑。根据我国《健康中国行动（2019—2030年)》的要求，到2030年经常参加体育锻炼的人数比例将达到40%以上，尤其是非正式性体育参与人口，是形成主动健康中国模式的典型标志，也是体育强国的一个标志性事项。当然，最终促成这一目标实现的因素是多元化的，但制度是行为的先导，伯恩斯和斯卡彭斯（Burns, 2000①）曾提出管理领域的制度化模型（见图4.4），确立了制度到行为的两个领域，并确立了制度编码（A阶段）的意义，其中，制度编码的过程就要注重制度体验的型塑作用。然而，从目前的研究来看，至少是缺乏自下而上的一种反馈性研究或"回应型制度"研究（如居民主体"制度体验"），至少政府制度的"加法"与中国居民绿色生态空间理念和体育参与的"加法"并不对等。由此提示，我国以提升绿色生态体育空间建设为目的的制度推行对提升体育参与行为的形成应该是存在"制度体验"障碍的。

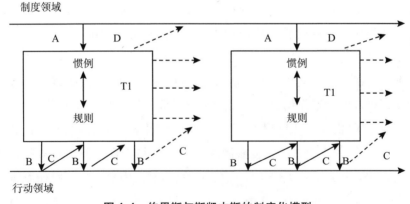

图4.4 伯恩斯与斯凯本斯的制度化模型

从目前的资料来看，"制度体验"研究主要是围绕制度信任而展开的，且相关研究已经证实了"制度体验"对"制度信任"的显著影响，

---

① Burns J, Scapens R W. Conceptualizing management accounting change: An institutional framework [J]. Management accounting research, 2000 (11): 3 – 25.

但从城市绿地与公共健身区协同实施角度，围绕体育参与行为形成为目标的研究还是相对不足，未能得到相对一致或明确的结论。本研究发现，在控制其他变量的情况下加入主体"制度体验"（模型1），中国居民的"制度体验"对绿色生态空间理念呈现显著的影响。这意味着主体"制度体验"越高的人群绿色生态空间感就会越强，即更加注重绿色生态空间的建设力度。但在引入其他变量后，主体"制度体验"对绿色生态感的显著作用消失了，这意味着主体"制度体验"的影响是不稳定的，其他社会变量的影响作用（如教育程度、社会阶层或个人收入等）更为显著。在这一点上提示，我国长期实行的各项国家或地方公共体育服务制度和体育参与行为存在"二元分割"现象，至少缺乏由制度领域向行为领域转换的中间条件。

制度执行和治理应该包括政府视角和居民视角两个层面，目前的绝大多数研究主要是从政府视角谈及如何推动全民体育参与和公共体育建设服务。于善旭（2010）[1] 针对我国首次推行的《全民健身条例》，从依法强化政府责任、公共服务运行机制、配套法规政策、建立法治氛围等方面强化了制度的权威要求和治理需求；戴健（2015）[2] 基于政府、市场和社会的角度，提出了加快推进政府制度创新和机制保障的相关要求。这些研究对推动我国政府视角下的制度设计和执行、保障、评价等发挥了很好的借鉴作用，也丰富和完善了政府层面的理论建构。然而，基于居民层面的"回应性"制度研究则明显不足，付冰、王家宏（2018）[3] 研究认为，信息披露制度是完善公共体育服务信息机制、加强监管的有效方式，提出了披露原则、披露制度内容、披露路径等研究论点。这预示着我国公共体育服务制度将会逐渐走向规序和法治，但这种披露或反馈的治理机制和实证研究显然还未形成，许多地方出现的公

① 于善旭. 论《全民健身条例》对公共体育服务的制度推进 [J]. 天津体育学院学报，2010, 25 (4): 277 - 281.
② 戴健，张盛，唐炎，等. 治理语境下公共体育服务制度创新的价值导向与路径选择 [J]. 体育科学，2015, 35 (11): 3 - 12.
③ 付冰，王家宏. 我国公共体育服务建设引入信息披露制度的研究 [J]. 北京体育大学学报，2018, 41 (5): 9 - 15.

共体育设施与居民体育参与割裂的"二元"现象就是最好的说明，一方面是职能部门或体育人的"自我隔离"；另一方面是居民的"敬而远之"或"不得而知"，使得原本服务居民的体育资源往往仅落到竞技体育，或处于一种"绝对闲置"的状态，这种双向隔离的原因可能是多种的，但至少居民的"制度体验"不足是一个重要的影响因素。

当然，在证实了主体"制度体验"与绿色生态空间感存在密切关系的同时，表征主体"制度体验"的变量通常包括职业特征（社会阶层论）、人力资本（经济地位论）及体制身份（城乡差异），除此之外，还受到人口学统计变量的影响，以往的研究往往证实了这些社会学或人口学变量对体育参与的影响，并且主要的论点是支持个人收入、社会阶层及性别、年龄及户口等变量的绝对影响作用，但从本研究来看，支持户口、社会阶层的影响作用，但个人收入、年龄等变量的作用程度并不高，虽然这可能是因为存在与以往研究中变量不同或样本不同造成的差异现象，但在我国推行全民健身服务体系的改革关键期，这也可能是因为我国全民健身事业弱化了这些变量的影响，体育参与正在走向全民性的一种形态。同时，从表4-8中可见，在引入人力资本变量后，年龄和制度体验的影响作用发生了明显的改变，意味着人力资本变量的作用还是要高于年龄和"制度体验"变量的影响作用。

对于绿色生态体育空间建设而言，国家制度治理是顶层设计和导向，但作为居民层面如何得到很好的"制度体验"并转化为具体行为则是基层逻辑，这对于全民而言应是普适行为，明确其关系不仅可能帮助职能部门完善制度的匹配性和联动性，增加制度执行的激活力，更有助于从基层治理的角度实现全民体育参与的主动性，推动健康中国战略的稳步推进，尤其是作为城市绿地与公共健身区匹配实施的治理力度，不仅可以彰显我国城镇化发展程度，更彰显了我国公共体育服务建设的现代化进程，也是我国居民体育参与的良性方式。为此，为了分析主体"制度体验"对中国居民绿色生态空间建设的影响机制，表4-8中的模型2~模型4在模型1的基础上纳入"职业特征""体制身份"及"人力资本"等维度变量后，制度体验的作用明显降低且不显著，表明这些人口特征变量或社会特征变量发挥了重要的影响作用，解释率也有明显的提高，且具有统计学意义。同时，上述解释变量在逐步纳入模型后，职业特征、体制身份等变量的影响作用变小了，这意味着这些变量能够很好地解释中国居民主体"制度体验"对绿色生态空间的影响作用，构成了它们之间的作用机制。当然，从目前的研究来看，围绕职业特征的绿色生态空间理念还不是很多，阶层性研究主要体现在居民体育参与研究方面，绝大多数的研究支持体育参与存在职业分层现象，只是这种分层现象在我国居民体育参与中的影响程度是逐渐弱化还是强化不得而知。同时，从本研究来看，相比职业特征和体制身份而言，个人收入表现出较小的显著影响，这可能预示着我国公共体育服务改革的成效之一，但作为人力资本变量，显然会对主体"制度体验"和年龄变量产生重要影响。综合来看，社会阶层和人力资本变量的作用还是非常明显。

研究还证实，这种作用机制会在代际或区域之间产生明显的差异现象，对于新生代而言，主体"制度体验"的影响机制几乎不会因其他变量的纳入发生明显的变化，但对于老一代而言，主体"制度体验"的影响作用还是比较显著的，且表现稳定。从不同区域来看，东部、中部地区还是存在一定的主体"制度体验影响"，西部地区这种影响机制不明显。在这一点上如同其他类似研究（社会阶层、性别等），即在"制度体验"上同样存在性别、城乡等区域上的差异性，只是本研究证实了这些变量的影响明显地优于"制度体验"对绿色生态空间感的影响作用，这不得不让我们思考我国多年来推行的居民体育锻炼治理制度的执行效果。从过往的研究来看，研究者更多地是从定性的角度给出问责性研究，或从区域视角给出一些监控评价理念，但从政策协调匹配层面的研究还是尚显薄弱，或者说是"回应型"制度的缺失或不对接性缺乏，这既影响了我国制度本身的执行力，也没有充分激活居民体育参与的活力，也无助于我国代际或区域之间的异质化治理。

3. 小结

当前，居民体育参与行为的主动形成是健康中国行动的一个标志性任务，也正进入深化改革的关键期，但居民体育参与行为的最有效手段就是建立便捷生态的健身场所，只有建立具有一定面积的绿色生态体育空间场所，才能有效地把握锻炼人群的主动参与，并能够更加有效地促成非正式锻炼群体的形成，这样一来，不仅居民的体育参与水平会提高，居民的体育参与也将会处于一种更为健康科学的状态之中。

绿色生态体育空间的治理离不开居民对我国公共健身服务制度的体验，主体"制度体验"的先行感知和编码是基本保障条件，也是破解顶层投入与主体参与"二元"隔离现象的一把钥匙。应该说，我国自全民健身计划实施以来，在公共体育资源投入方面的力度得到极大提升，但居民体育参与行为进展缓慢，尤其是非正式体育参与群体（这一部分群体在我国占有高比例），政府行为的"制度加法"没有带来居民体育参与的"行为加法"，或者说成效还有待提升。从本研究来看，主体"制度体验"的影响还是比较薄弱，尤其是相对职业特征、体制身份或人力资本等变量的影响时，这些变量的纳入会极大地影响制度体验的影响作用，意味着我国居民"制度体验"的作用并没有发挥，其原因可能来自自身，更可能是制度执行阻滞或"回应型"制度的缺失所致。中国居民绿色生态体育空间治理的制度性建设需要从两个视角来推行：一是顶层设计，即政府行为的权威执行；二是顾客（中国居民）体验与回应。双向对接才能更好地促成健康绿色的中国居民体育参与的行为转化，也能避免全民健身资源的浪费，并有效实现全民体育参与治理方略。

第三节　中国群众体育均衡性的影响

中国群众体育均衡性往往包括区域均衡、城乡均衡和群体均衡，或者是一种体育资源的均衡，群众体育均衡性的提高往往可以预示着中国群众体育或公共体育的高质量发展。其中，群众体育资源的均衡可能更显逻辑主导作用，这种资源的均衡发展方向也必然影响着生态体育空间建设的发展，为此，认识中国群众体育均衡性的现实状况，对绿色生态空间建设有一定的时代意义。

1. 数据与方法

本研究数据主要来源于 2020 年各地和国家统计局编写或公布的《体育统计年鉴》、各区县《体育统计年鉴》及《中国群众体育现状调查与研究》等；对于各区县部分指标的缺失数据采用估算数据的方式，采用平均增长率的办法进行估算。由于目前还没有统一的均衡性测量的指标标准，本研究主要完成 31 个省份城乡均衡和群体均衡指数的测量，并采用均值的方法计算出该省份的群众体育均衡指数。具体指标见表 4.12，均衡性指数的计算公式见公式（4.1）。在此基础上，以测量的群众体育均衡指数为自变量，以绿色生态健身空间协同发展水平为因变量，进一步分析了他们之间的影响关系，从而确立影响机制。

$$I_{ij} = 实际值 \, X_i - 最小值 \, X_i / 最大值 \, X_i - 最小值 \, X_i \qquad (4.1)$$

表 4.12　　　　中国不同省份群众体育均衡发展指标体系

子领域	一级指标	指标区间	指标方向
城乡均衡	城乡间人均场地面积	0 ~ 1	–
	城乡间人均体育指导员数	0 ~ 1	–
	城乡间健身工程点数量	0 ~ 1	–
	城乡间体育场馆利用率	0 ~ 1	–
	城乡间体育指导站数量	0 ~ 1	–
	城乡间国民体质达标率	0 ~ 1	–
群体均衡	不同性别体育人口率	0 ~ 1	–
	不同性别国民体质达标率	0 ~ 1	–
	城乡居民体育参与率	0 ~ 1	–
	特殊人群体育参与率	0 ~ 1	+

注：计算城乡差异时，我们将相应的乡村指标除以城镇指标，得到两者的比值，然后计算差异系数；计算性差异时，我们将相应的女性指标除以男性指标，得到两者的比值。"＋"号代表比值越大，均衡度越高；"－"号表示越小，差异度越高，下同。

2. 结果

通过对不同省份群众体育资源配置均衡性的测量（见表4.13），结果显示，整体来看，较高的省份有江苏、浙江、山东、河南、湖南等，较低的省份有新疆、西藏、云南、内蒙古等。为了更好地认识中国不同省份的这种均衡性对不同省份绿色生态空间发展水平的影响，在这里以这种均衡性为自变量，以第四章统计的我国不同省份全民健身生态协同度与资源配置均衡性进行了同步分析（见图4.5），从图中可见，全民健身绿色生态的协同度与群众体育资源配置均衡性之间并没有出现一一对应关系，健身生态协同度高并不意味着群众体育资源配置也高，相反也呈现同样特征，但进一步对两者的相关分析显示，两者还是存在显著的相关性，即意味着两者的总的发展趋势是一致的。

表4.13　　　　中国不同省份群众体育资源配置均衡性指数

省份	均衡指数	省份	均衡指数	省份	均衡指数
上海	0.74	湖南	0.80	云南	0.64
江苏	0.80	河南	0.78	新疆	0.60
辽宁	0.65	内蒙古	0.65	西藏	0.60
海南	0.76	吉林	0.70	广西	0.63
河北	0.67	安徽	0.71	宁夏	0.67
天津	0.68	江西	0.72	贵州	0.72
福建	0.75	湖北	0.72	四川	0.76
北京	0.70	山西	0.70	青海	0.69
广东	0.75	黑龙江	0.66	重庆	0.73
浙江	0.81	甘肃	0.63		
山东	0.79	陕西	0.72		

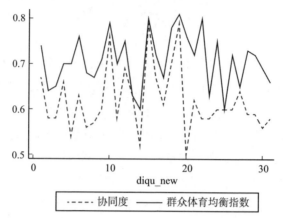

图 4.5　中国群众体育资源均衡与健身生态协同度的变化关系

注：$r = 0.5672$，$p < 0.05$。

　　为此，在这里进一步以群众体育资源配置均衡性为自变量，以绿色生态健身空间发展的协同度为因变量进行了回归分析，结果表明（见表 4.14），群众体育资源配置均衡对绿色健身生态空间的影响系数为 0.681，且达到统计学的显著性，解释率为 0.322，可以认为中国不同区域群众体育均衡性的发展对绿色健身生态空间有着显著的影响，有助于绿色健身生态空间建设的发展进程。

表 4.14　　　　　　　群众体育均衡指数对协同度的影响效应

影响系数	Std. err	t	p	95% 置信区间	
0.681	0.184	3.71	0.001	0.306	1.057

注：$R^2 = 0.322$。

3. 讨论

　　群众体育资源配置结构问题是另一个备受关注的学术问题和实践问题，不少学者也从不同的方面对这一问题展开了研究。肖林鹏（2006）①

----

① 肖林鹏. 我国群众体育资源开发与配置对策研究 [J]. 西安体育学院学报，2006，23 (1)：6–9.

对我国群众体育资源开发和配置对策进行了研究，指出我国群众体育资源的开发和配置中可持续开发的群众体育资源存量普遍不足，群众体育资源的开发及利用程度较低，并进一步指出完善群众体育资源的制度法规，培育开发群众体育市场是重要举措。余涛（2009①）以群众体育资源要素为对象，提出了群众体育资源配置系统结构包括三个组成部分，即群众体育资源的配置主体、配置客体和三大配置力，并指出配置主体为各级政府和行政部门，体育社团和群众体育企业，配置客体为人力、财力和物力等，而三大配置力包括市场、政府和社会文化。这些研究无疑为群众体育资源配置的有效评价和指标筛选提供了非常有益的参考，但最大的不足在于不能够从实证和量化的角度对这一问题加以深入认识，也缺乏具体案例层面的操作性分析。同时，目前的这种资源配置均衡性评价指标体系中缺乏绿色生态空间匹配实施的指标内容。

为此，我国一部分学者以部分城市为案例展开了结构性解析，董德朋等（2017）② 以长春市为例，基于 ArcGIS 对城市中心城区公共体育服务的空间结构及问题进行了分析，结果提出"我国城市基于不同空间发展模式主要形成了'中心—边缘式''发展带式''偏态式'3 种主要结构特征"，并进一步指出"各公共体育服务空间局部负荷过重、资源浪费等问题"。蔡玉军（2015）③ 以上海市中心城区为例，采用 ArcGIS 分析方法探讨了城市公共体育空间结构现状及存在的问题，提出了"居住区级公共体育空间不足，不仅影响了中心城区公共体育空间整体服务水平，同时，也是制约居民走出家门参加体育锻炼的重要原因"，并进一步指出影响了"500m 健身圈"目标的完成，城市公共体育空间无一例外地呈现出"核心—边缘"的结构特征。这些研究为案例型城市公共体育服务空间结构进行了具体实证，确立我国公共体育资源配置

① 余涛. 群众体育资源配置系统构建的理论研究 [J]. 北京体育大学学报，2009，32（12）：16 – 19.
② 董德朋，袁雷，韩义. 基于 ArcGIS 的城市中心城区公共体育服务空间：结构、问题与策略 [J]. 上海体育学院学报，2017，41（6）：10 – 16.
③ 蔡玉军，邵斌. 问题与策略：我国城市全民健身空间集约化发展模式研究 [J]. 天津体育学院学报，2015，30（6）：467 – 473.

结构性问题还是相对普遍，那么，城市绿地与公共健身区匹配实施的结构性优化就势必难以避免。

当然，一些因素也影响中国公共体育资源配置效率，如地区经济实力、群众体育经费投入规模对地区资源配置有着显著的影响，但也有研究表明，当前群众体育资源配置效率在很大程度上并不受以上三者的制约，三者的提高并没有带动群众体育资源配置效率的提升。这表明经费投入方向并没有关注资源配置的合理化，存在明显的群众体育资源浪费现象。因此，未来应及时进行结构调整，对于存在资源投入冗余的地区应根据自身的情况缩减投入，实现群众体育发展由"粗放型"向"节约型"增长，而对于存在输出不足的地区，应根据输出不足的指标，在体育人口、体质达标率及体育产业发展等方面作出积极的引导，提高现有资源的引导力。

由于中国群众体育资源配置均衡性指标体系还没有涵盖绿色生态健身空间指标，主要体现的是一种场地投入规模的平均，为此，还不能很好地展现这种资源配置均衡与绿色生态空间之间的关系，或者说还不够精准，但从本研究的统计结果来看，两者之间还是存在显著的相关性，且群众体育资源配置的均衡性对绿色生态健身空间有着显著的影响作用，只是解释率还不够高，这也可能由此说明，进一步转换群众体育资源投入方式或发展路径，进一步在绿色生态健身空间上作出规模或效益的结构性投入，更有助于绿色生态空间的建设，也更有助于中国公共体育的高质量发展和现代化发展。

全面提升我国不同地区群众体育资源配置效率，尤其是城市绿地与公共健身区协同建设的结构优化或布局，推动群众体育的快速协调发展，必须首先提高群众体育资源配置效率，这是一切工作的逻辑起点，也是群众体育发展的主干线，当然，这条主干线的下一步工作应放在城市绿地与公共健身区的协同实施方面，因为，毕竟单方面的体育场地投入建设对健身人群的吸引力或满意度还是非常的不足。同时，尤其在群众体育经费的投入和使用去向应给予特别关注，经费的投入必须首先关注的是群众体育的需求，并与产出相结合，在注重规模扩大化的同时，还要注重规模的效率和结构的优化，因为，从目前诸多研究中也可以看出，当前我国绝大多数省份综合效率的低下，主要是由规模的无效导致的，而且研究显示，规模的进一步扩大将会导致综合效率的进一步递减。因此，应该在规模有效的前提下作出逐步调整，实现"粗放型"向"集约型"的发展。

第五章

基本策略：城市绿地与公共健身区协同实施方略

第一节　国外经验

1. 英国公共体育服务

（1）英国公共体育服务的基本发展。

英国公共体育服务发展历程可以被认为经历了三个不同的阶段，构成了现在的基本框架。第一阶段发生在 20 世纪初，为地方当局提供公共体育服务奠定了基础。第二阶段，相对时间较长，占据了 20 世纪大部分的时间，确立了地方当局作为公共体育服务主要提供者的地位。第三阶段始于 20 世纪 80 年代末至今，对地方当局在提供公共体育服务方面出台了一系列的完善政策（见表 5.1）。

表 5.1　　　　　英国公共体育服务政策的相关发展历程

法案或条例	推行目的
浴室和洗衣法案（1846 年）	关注个人卫生，间接影响了泳池的规模扩大
公共卫生法（1875 年）	使城市当局能够购买、租赁、布置、维护公共散步场所需要的土地

法案或条例	推行目的
公共卫生法（1936 年）	提供公共泳池场所，取消学校供公众使用场地的权力
体育训练和娱乐法（1937 年）	地方当局可以获得体育设施和俱乐部建设的权力
城乡规划法（1947 年、1971 年、1974 年）	使地方当局具有确定拟议公共健身场所的权力
教育法案（1918 年、1944 年）	强制要求学校提供足够的体育器材
地方政府法（杂项规定法）（1976 年）	允许地方当局提供他们认为适宜的游乐场
地方政府法（1998 年）	在公共体育服务中引入强制性管理
地方政府法（1999 年）	在公共体育服务管理中进行责任划分

在 20 世纪 80 年代之前，中央政府对公共体育服务的参与是断断续续的，与其他公共服务（垃圾管理、住房等方面）不同，中央政府从未作为公共体育服务的直接提供者身份介入，从 19 世纪开始中央政府提供的法案全部为授权制，而不是强制性，这直接导致形成了当今英国"体育休闲混合经济"的局势，19 世纪建立并延续至今的商业和志愿部门的突出作用，使中央政府辩称无须进行直接干预，这将公共体育服务许多当地主管部门的服务分离，与提供普遍服务相比，中央政府对体育的关注侧重点在于提供卓越的服务，并在 1946 年成立了艺术委员会，保证战后国家体育发展。直到 20 世纪 60 年代中央政府才开始将体育休闲作为一个相对独立的政策领域，这是由 1957 年的沃尔芬登体育委员会的调查结果所引起的，该委员会建议制定大众体育相关的政策，旨在控制社会和促进国民健康。这是因为英国政府认为有必要提高本国的国际形象和声望，可以说更重要的是国民对更广泛的获得运动和娱乐机会的需求日益增加，此时，中央政府开始处理运动和休闲的问题。随后，英国国会于 1966 年通过了"全民体育"政策，正是这条政策的出台对地方当局产生了最直接的影响，因为对"全民体育"的承诺导致公共

部门提供的设备数量迅速增加，人们试图为表达的需求提供机会，因此，地方当局在提供体育和休闲方面的作用，主要是作为设施的提供者，这一点在大众印象中已经牢固确立。

然而，由于政府部门效率低下和存在一些无效解决问题的方法，加上福利国家鼓励更多的公共支出，以支持福利计划，对国民施加过多的税务，种种原因导致政治评论员和广大人民群众对公共体育服务的管理提出了抗议和批评，到 1978 年公众对地方当局的所作所为已经失望。在 1979 年保守党击败工党，成功占据议会大部分席位，成为执政党后，这些服务的管理发生了根本的变化，埃尔科克将这个政府描述为对地方当局具有"天生的敌意"，这种敌意在 10 年后审计委员会发表的《地方政府业绩审查》报告中仍然很明显。其中，指出地方政府能否继续存在，取决于其竞争力、为消费者提供选择以及提供管理良好、优质服务的能力，中央政府的基本信念是，公共部门应效仿商业部门的管理模式。然而，许多地方当局在采用保守党政府所提倡的管理技术方面行动迟缓。作为回应，政府制定了一系列的政策举措，旨在迫使地方当局反映商业部门的方式运作，这些举措中最突出的是一项激进且极不受欢迎的立法，即强制性竞争招标（compulsory competitive tendering，CCT）。CCT 是由 1980 年通过的《规划和土地法》和 1988 年的《地方政府法》引入的，意味着地方当局不再自动拥有提供他们传统上负责的服务和权利，只有他们赢得了对抗资本竞争的权利后才可重新启动。

1989 年在体育和休闲服务领域也实行了这项立法，其主要目标有两个：第一，期望通过确保以最有效的方式经营公共体育和休闲服务，减少公共体育和休闲服务的费用。这种效率仅仅是根据提供服务的最低成本来判断的。第二，旨在改善对用户的服务，通过鼓励提供商提高服务质量来吸引客户。为了做到这一点，有条件现金支付的被要求应用于下列设施的管理：游泳池，溜冰场，体育馆；网球场，壁球场，羽毛球场，团体比赛场地，运动场；自行车跑道和中心，高尔夫球场，果岭，保龄球场，保龄球中心，保龄球道；骑马中心，赛马场，人造滑雪场，飞行，热气球或跳伞中心，以及内陆或沿海水域的划船或水上运动中心。唯一获豁免缴付现金税的设施是那些并非主要用作运动或体育娱乐的场所提供的设施，如社交俱乐部或教育机构（如学校）所占用场所提供的设施。从上面的清单可以明显看出，有条件现金支付影响到几乎所有体育和休闲服务的管理，特别是那些能够产生收入的服务。有条件现金培训对体育和休闲部门的组织有重大影响。1999 年，有条件现金支付制度被最佳值（best value）取代，对公共体育和休闲服务的管理产生了重大影响。然而，值得注意的是，有条件现金支付是使这些服务的管理方式发生变化的一个主要因素。

（2）英国公共体育服务管理环境。

英国公共体育服务主要可分为四大部门，分别为地方政府、教育系统（初等教育、继续教育和高等教育机构）、俱乐部和国家管理机构组成的志愿组织。相比于其他三个部门，地方政府的贡献是巨大的。该部门被认为是与志愿组织和私营机构合作，为当地社区提供体育娱乐服务的主要供给方，并通过与其他三个部门的官员合作提供更多的公共体育服务。例如，英国文化、媒体和体育部在"游戏计划"（2002 年）中明确指出，地方当局是体育、休闲、文化服务的主要提供者（提供内容见表 5.2），但无法决定图书馆和运动场的场地分配，其他均为强制性。同时，随着社会的发展，英国地方当局也更加重视绿地与公共体育设施的匹配建设，如《大伦敦空间发展策略》（2021 年）白皮书，这是英国政府于 2021 年 3 月 2 日发布的最新的伦敦规划白皮书，涵盖了伦敦未来的空间发展计划、空间发展模式、设计要求、住房、基础以及文化建设、经济发展、环境保护、可持续发展、交通等多个方面。其中，关于绿地和公共体育服务的内容主要包括：推进体育公园建设，促进社区内发展，更有效地使用土地，保护环境，促进可持续发展，建设更多的住房等。同时，从表 5.2 中也可以进一步看出，非正式的运动场地更加注重绿色与健身空间的打造，体现出英国地方当局公共体育服务管理的基本建设取向。

表 5.2　　　　　　　　　　英国地方当局的公共体育休闲服务

类别	具体内容
体育及休闲	运动场、高尔夫球场、保龄球场、田径场和跑道、海洋、游泳馆、滑雪场、体育馆、冰场、体育大厅和休闲中心
非正式的运动场地	城市健身公园和花园、海滩、湖泊、河流
乡村体育	郊区公园、国家公园
体育教育相关服务	成人教育机构、青年俱乐部

　　提出公共体育及休闲娱乐服务的理由主要基于两个论点：首先是市场失灵论，地方当局为那些负担不起其他部门提供就业机会人群提供体育和休闲服务，2000 年格拉顿和泰勒对公共体育服务的效率和公平相关原因进行了全面概述。研究认为，国家提供的一个关键动机是通过价格补贴和有针对性的规划，确保所有公民都能获得体育休闲的机会。其次，也有一些关于体育和休闲参与的"外部性"观点：参与体育和休闲活动除了具有内在价值外，还被认为具有外在利益，比如可以有效改善健康问题、减少犯罪率、提高教育标准和促进终身学习。因此，公共体育服务可以实现并获得公民参与体育和休闲的权力以及参与社会的外部利益有关的目标，在传统意义上，这些社会目标为提供和补贴公共体育和休闲服务提供了理由。公共部门提供体育和休闲机会是一个相对较新的现象，尽管提供的机会范围有限，直到 20 世纪 70 年代，公共管理部门才开始在体育休闲方面发挥作用，这主要是由于开始进行多用途设施建设，这是 1974 年地方政府重组带来的大量休闲投资的结果，且投资规模较大，在 1972～1978 年短短六年间，体育中心数量增加了 10 倍，游泳池的数量增加了 50%。到 20 世纪 70 年代末期，今天存在的体育和休闲设施框架已经完成。

　　然而，地方政府不只是提供设施，如上所述，在提供运动和休闲服务方面还有另外两个关键作用（见图 5.1）：其一，在于地方当局具有"促成"作用，使社区团体和学校能够通过提供设施、器材以及财政援助；其二，扩大人民群众对体育休闲的参与，这主要是基于体育发展和社区工作人员的工作，他们在社区内提供服务，而不是在一个单一的中央专办地点。这三者的结合意味着英国公共部门是公共体育服务的主要提供方。

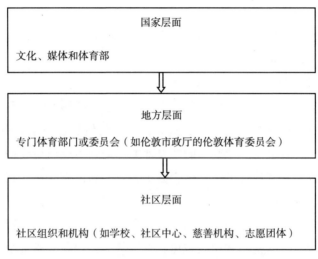

图5.1　英国公共体育服务的层级体系

随后，在20世纪80年代，英国公共体育和休闲部门的性质和管理发生了巨大的改变，由于政府立法和健身人群参与的增加以及管理公共服务人员的专业能力的提升，致使公共部门通过地方当局、商业部门和慈善信托部门的多方面联动合作提供公共体育服务，但这导致体育休闲大环境模糊，无明确职责分配。尽管如此，英国当局还是将满足以下几类条件归为公共体育服务。

①当地政府工作人员提供服务，地方当局拥有该设备或为该设施的建设提供大部分资金。

②地方政府为该服务的运行提供了很大一部分资金。

③地方当局通过合同安排保持对服务目标的控制。

④该项公共体育服务满足社会目标或政策导向。

⑤该服务的管理者直接或间接对当地政客负责。

综上所述，在此阶段大多数公共体育服务的提供是自由裁量的，这使公共体育服务更容易受到预算缩减的影响，有着优先级和易受外包影响的特点。同时，公共体育服务也有能力为当地相关行业创造收入，比如通过收取费用、吸引食品和饮料支出以及为大型活动提供场地来产生收入的一种效应，然而这也给管理人员带来了收入最大化的压力，与前面概述的社会目标相冲突，但始终不能忽视的是实现业务目标和社会目标的需要才是最重要的。

（3）英国公共体育休闲服务的提供机制。

上文提到的最佳价值对公共体育服务最重要的影响之一是鼓励地方当局调查提供这些服务的替代方式。在最佳价值和注册会计师框架下，地方当局需要解决的一个基本问题是地方当局是否应该继续提供它们所提供的服务，或者替代提供者是否会更有效。如设立信托：越来越多的当局将其设施转移到工业公积金协会或具有慈善性质的担保有限责任公司。这两家都是非营利的分销组织，被称为"信托"。这种转移主要是由于信托所实行的税率和税收减免，可以使地方当局节省资金。通常情况下，信托机构会对这些设施租用一段较长的时间，然后负责提供服务。信托基金的经理要对受托人小组负责，受托人小组在一段时间内监督信托基金的运作。在大多数情况下，该服务的管理工作继续由在该设施属于地方当局时负责该设施的工作人员进行。再如，公私合作伙伴关系：这是一种新的、有点复杂的安排，作为长期管理合同的交换，商业公司投资于提供服务的设施。这样做有两个主要好处：首先，伙伴关系提供了地方当局无力或不愿承担的资金；其次，私营部门承担了公共部门原本会承担的部分金融风险。从此，许多地方当局使用这些方法来提供体育和休闲服务。

（4）英国公共体育休闲服务人员。

公共体育休闲服务人员的定义为：必须是提供体育和休闲服务行业的工作人员。此类人员共包含三种：政治家、体育和休闲部门干事以及服务管理人员和工作人员。地方当局的政治家，也被称为议员或成员，被认为对所提供的服务及标准负有最终责任。理论上，他们决定政策，要建什么？在哪里？他们对预算有最终控制权。第二类为体育和休闲部门干事，他们的职责在于利用当局的资源，确定运动和休闲的需要和愿望，确定优先事项，作出决定，然后将这些信息传递给服务人员执行。最后，他们应该监控决策的进展，并根据绩效指标评估绩效。然而，在实践中，虽然成员拥有制定战略决策的权威和权力，但他们严重依赖上级官员给他们的建议。最后一类工作人员包括实际负责提供体育和休闲服务的人员（设施管理人员、休闲助理、外联工作人员）。

公共体育服务人员概念最初是在 20 世纪 60 年代后期出现的，但体育和休闲管理作为一种潜在职业的概念在 20 世纪 70 年代获得了发展，以应对 1974 年地方政府重组导致的设施数量的迅速扩张。1969 年拉夫堡大学开设了第一个体育娱乐管理研究生课程。虽然一些专业团体和研究机构（如体育和娱乐管理研究所和娱乐经理协会）已经提供技术培训和资格证书有一段时间了，但这是第一个侧重于该行业管理的课程。从那时起，提供体育和休闲管理课程的教育机构数量显著增加，有超过 1000 门课程的名称中包含"体育或休闲"字样。这些课程产生的结果是在该行业的各个层面都有更合格的员工。

到 20 世纪 90 年代中期，已经提供的大量研究生和专业课程实际上与体育和休闲管理研究所的战略背道而驰。因此，体育休闲管理还没有演变成一种的职业。然而，不管它是否是一种职业，毫无疑问公共体育和休闲经理在管理他们服务的方式上变得越来越有能力，更善于创新并且更熟练。简而言之，这些服务的管理在交付方法上变得越来越专业，员工的素质越来越高。对本科和研究生水平的管理，这不可避免地产生了一个行业，各级员工都得到了适当的培训，这不仅体现在技术技能方面，还体现在有效管理服务所需的技能方面。至此，确定了公共体育和休闲管理的风格在适应外部影响时发生了一些变化（见表 5.3）。

表 5. 3　　　　　　英国公共体育服务管理方式的发展历程

项目	20 世纪 70 年代早期	20 世纪 70 年代末	20 世纪 80 年代末	2000 年至今
管理关注	设备集中	活动、赛事的运行；社会焦点问题	市场需求	服务质量的关注
目标	收入最大化	参与最大化；最大限度地为社会组织提供机会	经济收入和经济效应	最大限度地提高质量、实现最佳价值
管理风格	中央集权制	地方政府；分散、引导、催化	对市场参与调查	推行组织代理人
对受众人群的态度	控制、鼓励参与者	鼓励非健康人群参与	注重群众关怀	对受众人群调查后服务
计划重点	观察、试验效果	通过强娱乐性项目吸引群众参与	群众健康和健身	全民健身
政府法案	地方当局	体育休闲娱乐	强制性竞争投标	最佳价值

（5）英国公共体育服务的规划及策略。

由于 20 世纪 80 年代的保守党政策，20 世纪 80 年代中后期，地方当局开始使用战略规划。但是，战略管理技术的使用多少有些随意，许多当局声称已经采用了战略规划，而实际上他们所做的不过是简单的预算编制。然而，最佳价值立法推动了公共部门的战略发展，这要求地方当局采用正式的规划程序，以便制订战略计划，指导当局的管理。这个规划过程分为三个主要部分：首先，地方政府必须设定企业的目标；其次，他们被要求进行一系列基本绩效评估，从而为地方当局服务设定目标；最后，必须制订地方绩效计划，确保实现这些目标并给予公布，以鼓励公众监督。体育企业需要以一种类似于经典战略规划模型推动的方式来驱动规划过程。

地方当局的服务都需要进行基本的业绩审查，共同规划过程的一项关键职能是确定选择业绩审查优先服务的标准。有些地方政府选择以服务态度为基础，而另一些地方政府则将若干服务结合在一起，以实现其中一项目标。例如，如果一个地方当局希望审查有助于实现青年目标的服务，它可以审查教育、休闲和保健的部分内容。重要的是，财务汇报必须建立服务表现目标，并制订一个明确的计划，以达到这些目标。

基本绩效评估的格式由地方当局决定。然而，最佳价值立法要求当局：考虑它是否应该提供服务；考虑提供服务的水平和方式；考虑与服务相关的目标；参照适当的服务表现指标，评估其提供服务的表现；通过与提供同类服务的机构进行比较，评估服务表现竞争力；评估是否成功达到相关的绩效标准或目标，或评估达到这些标准或目标的进展。

副总理办公室在 2001 年提出，基本绩效评估需要：

①着眼于长远，以预测未来的需要和需求，让民选成员参与，因为他们是社区的代表。

②从权威机构之外寻求建议，以产生新的想法或测试想法。

③让那些目前提供服务的人参与进来，因为他们对服务有第一手的了解。

④对现有承诺提出疑问，挑战执行方法，从而进一步完善。

⑤吸引服务的用户和潜在用户；解决公平问题，因为这是地方当局的一个关键问题。

这将确保审查过程是全面的、连贯的，并包括所有可能的利益相关者。从这个过程中产生的目标和计划随后在本地绩效计划中公布。

（6）小结。

英国公共体育服务自 20 世纪 80 年代后，逐渐开始系统关注公共体育服务建设，形成了国家、地方和社区的管理体制机制，进入 21 世纪后，开始追求公共体育的质量发展，"质量发展"逐渐成为核心词，并构筑了城市绿地与公共健身匹配实施的基本格局。其中，关注非正式场地的绿色空间建设是一个典型特点，推动了英国公共体育的全面发展。

2. 美国公共体育服务

（1）美国公共体育服务的基本特征。

美国的公共体育从其产生之日起，就被刻上了"社会化"与"自治权"的深刻印记。自 1851 年美国基督教青年会的诞生之后，此后的 100 多年中，美国逐渐形成了自己的大型体育组织。同时，在美国政府的各个部门，都会给予这些非营利体育机构较大的帮助，比如免税、补贴。这些与大众体育相关的多种多样的组织类型，大部分成员都是义工，在这些义工中，年龄超过 18 岁的成人约占全国总人口的一半。之后，美国的公共体育服务呈现出多元化的趋势，其中，包括供给主体、服务对象和内容种类的多样化，这些因素共同推动了美国公共体育服务产品的丰富多彩。当然，这种"社会化"与"自治权"也必然带有西方个体主义和绝对自由主义的色彩，在具体的组织实施过程中也会导致极端主义和垄断性的产生。

（2）美国公众体育政策制定与执行。

美国公众体育政策的制定与执行，受美国政治体制及社会环境等复杂因素的制约，执行的程序是由相关的政府职能部门或社会共同组成的。美国的公共体育政策是一种严格的、有组织的、有纪律的、有计划的、有步骤的、有具体操作要求的及有针对性的政策。政策制定主体包括联邦议会、地方议会和政府机关等，它们之间相互依赖。尽管"民众意见"对公共体育政策的制定起着非常重要的作用，但这并非意味着有关职能部门与立法机关一定要将民众意见放在首要位置，而是要进一步考虑公共体育政策的合法性与合理性问题。讨论社区意见时，有来自政府和非政府组织的专家，注重社区意见和公共政策的不同，并在两者间寻找一致。例如，全民体质健康政策制定涉及公共卫生、体育运动、文化发展、环境保护和城市建设等社会管理不同领域以及多个利益群体，但通过各职能机构间的密切合作、磋商和制定更加行之有效的办法，才能解决公共体育发展过程中存在的现实问题。

美国的公共体育立法机构正逐渐增强自己在决策和执行中的权力，但一些学者对此提出了质疑，认为立法机构在制订体育法规时，把具体的执行工作交给了当地政府或社会团体，很可能造成了公共体育政策的局部性和地方性，从而影响了公共体育政策的整体和全局。比如，美国的各个体育机构，都会对自己的政策进行说明，并且给予相应的支持，这样的话，就会对整个美国的体育产业产生积极的影响，如果因此造成不良的社会后果，会被有关部门追究责任。

（3）美国公共体育服务的政策法规。

美国公共体育服务的政策法规分为三类：第一类是适用范围广泛，可覆盖全美的基础性的政策法规，并涉及美国公共体育事业的相关法律。第二类是指导美国全民健康生活的政策指南和计划方针。第三类是由美国业余体育组织和社会运动团体提供的身体素质检测标准，以及进行身体锻炼的指导方针。

①《业余体育法》。

美国《业余体育法》在1978年经第95届国会批准，1998年修订为《奥林匹克和业余体育法》，其内容主要围绕美国奥委会和国内单项体育联合会展开，阐明了美国奥委会的主导地位和自上而下的垂直管理体系。这部法律在推广奥林匹克运动和增加市民的参与度中发挥了积极的作用。举例来说，如《业余体育法》第220503章第6条所述：美国奥林匹克委员会将鼓励人们加强体能，并鼓励大众参加业余运动。每个国内单项体育联合会都有很多成员，有些是学校体育运动协会，有些是俱乐部，因此，为了达到"提高身体素质，鼓励公众参与"的目的，其每一个成员都会在全国各地进行活动，鼓励公众参与，并从中选拔参赛运动员。《业余体育法》第220503章第9条指出：为了提高业余运动设备的质量，我们必须确保运动设备能够为业余运动员提供最好的服务。为此，美国奥林匹克委员会已在美国各地设立了大大小小的综合训练中心，以满足运动员的需求。在第220503章第12条、第13条、第14条中提出，鼓励妇女、残疾人和少数民族参与体育活动，并在第220524章第6条、第7条中做了相应的补充。

②《健康公民》手册和《全国体育活动计划》。

自1979年以来，美国的公共卫生和公共事务部门每隔十年就会出台一项新的公众健康政策，主要包括：《健康公民：卫生部关于防控疾病和推动健康的报告》（1979年）；《国家任务：推动健康》（1980年）；美国《健康公民2000》（1990年）；《健康公民2010》，随后推出的版本至今还在继续完善中。2010 年，美国官方发布了《全国体育活动计划》（national physical activity plan，NPAP），美国《全国体育活动计划》共分 9 大领域，每一领域对应相应的改善措施。同时，也列举了几项总对策。这 9 个社会领域包括业余体育和娱乐、商业和工业、教育、健康保障、多元化和健康公平、公园娱乐健身和体育设施、公共卫生、交通土地利用和社区设计、联邦政府。

③美国青少年体育国家标准和其他体育计划。

美国的《青少年体育国家标准》是由美国青少年体育联合会制定的，旨在为广大体育工作者制订青少年体育计划、组织青少年体育活动提供一个可实施的参照标准。此外，由四个非政府性质的体育政策研究机构与美国老龄化协会和美国疾控中心合作，于 2001 年制定了《促进老年体育的国家计划》，这不但是对《健康 2010》的补充，而且也是美国唯——项针对老年人的体育政策。

2005 年，美国卫生与公众服务部发布了第一期与体育活动相关的联邦指南以后，又于 2015 年发布了《加快步伐！外科医生的行动呼吁促进步行和步行社区》。该文件旨在增加美国人的步行活动机会，改善社区的设计和安全性，鼓励人们采取更健康的生活方式。该文件从步行的重要性及步行的现状等方面给出了说明，尤其指出缺乏安全、舒适及便利的步行环境是步行不足的主要原因。同时，该文件指出了 5 项具体目标和相关要求（见表 5.4、表 5.5）。同时，再如早期的美国《公园法》也对规范公园绿地建设和管理作出了法律保障，对如何保护公园资源、促进公园服务、提高公园效率等方面进行了界定。

表 5.4　　　　美国相关绿色体育健身空间的文件政策

文件名	目标或策略
《加快步伐！外科医生的行动呼吁步行和步行社区》（2015 年）	1. 使步行成为个人和社区健康的优先事项； 2. 设计并维护街道和社区，使其对步行者友好； 3. 增加对步行和步行社区项目的投资； 4. 提高对步行和社区益处的认识和支持； 5. 收集并跟踪有关步行和步行社区的数据和研究

续表

文件名	目标或策略
《公园法》（1916 年）	1. 规定国家公园的划分类型、建立目的、管理机构、管理规模等； 2. 规定了国家公园内的自然资源、土地资源、历史资源、野生动物等的保护和利用原则、标准、职责权限、权利义务、法律责任等； 3. 规定了国家公园内的交通、土地利用、特许经营、机动飞行器等方面的管制和规范； 4. 规定了国家公园内的教育、培训和媒体宣传等方面的要求和措施

表 5.5　　　　　美国国家公园教育培训的相关要求

国家公园教育培训要求

国家公园管理局是负责管理和保护美国国家公园的联邦机构，它设有专门的教育部门，负责制定和实施国家公园的教育政策、计划和项目；

国家公园管理局的教育目标是通过提供多样化、高质量、有意义的教育体验，增强公众对国家公园资源和价值的理解、欣赏和保护，促进公众参与国家公园的管理和保护，培养下一代的公园管理者和支持者；

国家公园管理局的教育对象包括各个年龄段和背景的公众，特别是儿童、青少年、少数族裔、低收入人群等弱势群体，以及教师、志愿者、合作伙伴等利益相关者；

国家公园管理局的教育内容涵盖了国家公园的自然资源、文化资源、历史资源、社会资源等各个方面，以及与之相关的科学知识、环境问题、社会问题等主题；

国家公园管理局的教育方式包括了现场教育、远程教育、自主教育等多种形式，如导游解说、展览展示、户外活动、实地考察、网络课程、视频节目、博物馆合作、出版物发行等；

国家公园管理局的教育评估是通过收集和分析教育项目的参与人数、满意度、学习效果等数据，以及与教育目标和标准的对比，来评价教育项目的质量和效果，并提出改进建议

　　通过对以上内容的分析，我们可以看出，美国公共体育服务的政策和规定体现出以下几点：第一，美国公共体育服务的政策和规定基于对居民身体素质的调查，数据采集过程与社会公众进行了广泛的接触。第二，在美国，许多学者和专业人士都在研究身体健康问题，最具代表性的就是存在独立于政府机关之外，专门从事公共体育健康政策研究的机构，这类机构可以为政府决策人员提供各类政策依据，并帮助其作出调整、修正或废除。第三，城市绿色体育空间的打造，尤其是公园绿地健身空间发展相对较早，并有相应的规范和标准。

（4）美国公共体育服务绩效评估。

随着美国公众健康状况的发展，美国第一次对公共体育服务绩效评估也随之出现。早在1915年就有学者提出：公共卫生绩效评价关注结果，而不仅仅是投入和产出。在此背景下，对公民身体素质进行评估，是进行科学研究的必然要求。绩效评价是一种有效的公共体育管理方法，对其进行评价，有助于发现问题所在，从而改善公共体育服务，为未来的大众体育发展与建设提供决策参考。美国在对公共体育服务进行绩效管理时，采取的是常规的政府绩效管理方式，重点是对公共体育服务进行系统评估，并将评估结果与公共体育服务的预算相结合，从而达到提高公共体育服务预算水平的目标。

美国政府公共体育服务的绩效评估中，有以下几个方面的特征：

①美国制定了关于政府在公务活动中的绩效管理的法律法规。美国《政府绩效与结果法案》于1993年正式通过，该法案的主要部分是关于制定政策、评估绩效等的法规，同时也为美国公共服务提供了目标导向下的"重效率、重结果"理念。这一法案的目的是规范联邦政府在制订策略计划、评估等方面的工作，主要内容包括战略计划、年度绩效计划、年度绩效报告等。美国的公众体育事业绩效考核，就是从这一思想中继承下来的，它注重效益，注重结果，以问题为导向，主要采用"人群健康结果"和"全民体育参与"的方法进行。在美国，从城市到州政府，从州政府到全国各级政府，都注重对居民健康状况的调查。例如，美国卫生和公共服务部下属的疾病预防控制中心与美国卫生统计中心共同开发了一套由健康结果、健康行为、临场护理及社会和经济因素四个维度组成的社区健康指标组成的评价体系，用以评价当地社区内居民的总体健康状况。

②美国的公共体育服务质量评价，注重政府与社会的相互配合。美国体育事务委员会与美国大型运动协会共同发起了一项关于119项运动和娱乐项目的调查，并共同发布了《全国体育参与报告》。在《2011年美国体育参与报告》中，就体育参与的数量、运动倾向、居民的参与水平、居民的体育消费倾向、学校体育、年龄因素和不运动人群的兴趣等

方面进行了详细的分析，根据调查的结果，对美国公众体育事业的发展状况进行了分析和归纳，并指出了存在的问题，提出了对策。在美国，通过互联网和公共论坛使广大社区公民参加体育调查，使公民和私营机构之间的对话成为可能，从经济、社会、文化三个方面，重视社区体育的发展，并对绩效加以评估。同时，一些社区志愿者组织，通过问卷调查、电话访谈、网络测试等方式，从政府机构那里收集到与公众体育相关的关键信息，然后将这些信息进行汇总，并公布给公众，以求达到评价服务质量的目的。

（5）美国公共体育服务系统的构建特点。

①美国的公共体育服务，除了政府的责任之外，还有各州的权力，它们有自主的权利，而社区也有自己的执行条例。美国联邦政府于1919年颁布了首部国家体育法律——《体育法案》。1950年，美国国会通过了《奥林匹克协会组织法》，赋予了大众团体、业余组织一定的体育管理权。1972年，美国通过了《教育法修正案》，并在此基础上提出了女性在受教育权上的平等，保障了女性参加体育运动的机会。1973年通过的《残疾人康复法》规定，残疾人的生活、工作、教育和运动都不应受到任何形式的歧视，在体育课上，或在校内，或在校际体育活动上，注重残障学生的特别照顾，力求达到多主体服务的目的。在这一年里，通过了《户外休闲计划——一份美国的遗产》，使美国民众有机会参与到这些活动中来。1978年颁布的《业余体育法》中说明要促进群众体育运动的发展，使人人享有体育运动。2000年，美国国家健康中心进一步推出 AUU 身体健康计划，对社会各阶层的体育设施配套提出新的标准。

②场地设施：第一，社区体育中心：美国对于社区体育服务的支持有明确的规范性，其主要特征是项目地方性、层级性和内涵亲民性；在空间布局上，注意与自然景观相结合，以满足不同层次的居民对运动的需要。第二，学校运动设施：注重对社会开放，这是开展社区体育所必需的硬性条件。第三，民间体育设施：以营利为目标，发展露营野餐场地、高尔夫球场等休闲区域的建设；非商业用途的俱乐部为成员服务，

虽然在对外开放时收费，但不以营利为目的。

③组织机构。美国体育组织架构分为政府、社团及企业俱乐部等形式（见图5.2）。政府组织是由联邦、州、地方三个不同层级组成的，它们负责全国的公共体育服务系统的建立，制订相关的政策、规定，并对其进行执行和监测。美国的公共体育服务是由奥委会、单项体育协会等不同的非营利的体育社团来接手，并且一层层地推动。美国的公共体育事业在机构上呈现出联邦政府、州政府和地方政府的相对分工，政府在一定程度上发挥了总揽全局和指导的作用；社区体育社团起到了基层实践的作用。

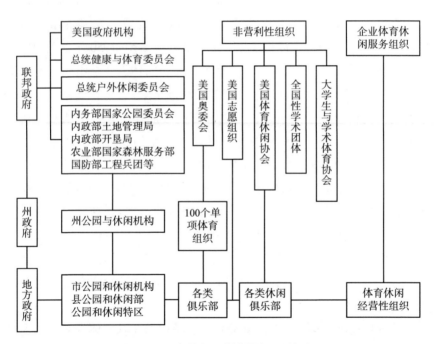

图5.2　美国休闲和体育服务组织框架

④资金来源。主要包括直接财政补贴、间接投入、地方政府、体育彩票和其他来源。在国家出资投资模式中，对体育场馆实施减免税收和减少租金等政策。在体育彩票方面，将盈利的部分投资在教育、环保、

公园等娱乐场所，使其对公益事业产生积极影响。其他来源包括企业赞助、社会捐助。在美国体育设施投资中，私人资金的比重也在逐渐增加。

⑤活动内容：活动内容较多，包括户外运动、校园体育、社区体育等。尤其是户外运动，根据美国体育健康产业协会发布的一份产业报告可知，2020 年户外运动的总体参与率达到了 52.9%，创 5 年来新高，其中，跻身参与度前 10 名的户外活动还包括跑步/慢跑、自行车、钓鱼和露营。另外，在社区体育和学校体育方面也支持社区组织建设和大学生竞赛活动。

（6）美国公共体育服务运行机制。

①公共体育服务的管理机制。

如图 5.2 所示，大多数政府机构都涉及公共体育服务这一有关内容。与此同时，州政府和地方政府拥有高度自治权，与联邦政府互相监督。美国各州制定了各自的地方自治条例，以保证州之下的各地区拥有对当地事务的高度自治权。联邦、州和地方，都有各自独立的管理体系，这些管理体系都是为自己的公共政策服务的，地方政府不能违背联邦的法律，也不能越权，没有直接执行的职责。美国联邦对公共体育事务给予州及地方相当大的自治权，通常不会干预州及地方的公共体育事务。州公共体育管理机构主要职责是：主管各州公共体育事务，制订州各级公共体育行政和群众体育政策计划，监督并指导当地体育机构的工作，组织和动员市民参加体育比赛，并在重要体育比赛中请求联邦政府资助。最后是各级政府与体育社团共同合作，联系紧密，就公共体育服务项目建立各种合作联系。

②美国公共体育服务供给机制。

美国公共体育服务供给机制包括传统政府供给、公私合作和社区合作。其中，传统政府供给是基础，长期以来，美国的公共体育服务一直遵循着一种传统的、自然的、以政府为主体并担负着主要责任的"提供"模式。美国各级政府向公众提供了巨大的财政支持，财政支持的渠道有两条，分别是税收和公债。

公私合作供给是主力，美国分为四种公私合作的供给模式，分别为：租赁合同、特许经营、凭单制、使用者付费。第一，在租赁合同中，主要是将土地租赁出，缴纳5%的营业额为租金，可以在室内建造各种球场设施，向公众开放，这样，政府就不用单独花费大价钱来建造，以此减少政府的开支。第二，在特许经营中，例如美国职业棒球联赛的球馆需要1亿维修费，迪斯尼公司为其支付了700万，所以将经营权一并给迪斯尼公司，该公司只享有门票收入、广告经费等收入，但政府拥有以外的收入，因此政府不用为维修费而担忧。第三，在凭单制度中，是指政府部门授权付款的凭证，也就是政府将优惠券发放给有资格消费的人或者群体，而且在很长一段时间，这种优惠券被用在了教育、医疗、营养和住房四个方面。第四，在使用者付费中，早在1986年就提出了使用者付费项目，包括公园及各项体育设施，用来满足不同群众、不同消费群体对不同质量的需求。

社区合作是趋势，在美国，绝大多数的地区都存在社区合作，勇于发展社区的经济和提供服务，在社区发展组织的服务中，涉及的内容及人群相当广泛，比如儿童、老年人的健康检查、身体素质和健康营养等，在美国社区发展的过程中，主办者大部分是非营利组织，社区发展呈现出慈善募集、公益活动和志愿参与三大特征。

（7）美国公共体育服务的监管方式。

美国的公共体育改革能否顺利进行，其核心问题就是能否加强规范，保障社会的公平性。为推动美国公众体育事业的发展，美国对公众体育事业的规制主要包括政府规制、组织自律规制和社会规制三种。国家对公共体育事业的监管，主要是以法律法规和政策的形式对公共体育事业进行监督和管理。随着市场的发展，制度也在不断地演化和完善。美国的市场规制来自市场的需求，美国政府针对一些危害公众利益的行为，专门成立了一些规制机构，以保障公共体育利益需求。美国大多数的公共体育机构都是非营利机构，政府不会对这些机构进行过多干涉，也不会提供任何资金，只是在税收、收费等方面给予一些优惠。

公共体育服务组织非常重视按照有关法律来制定组织规划、规则和标准，并主要通过各种社会组织（全国体育联盟、大学生体协等）展开监督和管理，私人机构主要通过赞助、捐赠及合作等方式参与监督和管理。在这过程中，有些建议会被政府立法所采纳，从而在客观上也发挥了对法律的补充和完善的功能。

（8）小结。

美国公共体育服务发展相对较早，倡导法律保障和约束，自发展之初，比较关注绿色体育空间建设问题，尤其是在近些年的发展过程中，更加注重社区绿色步行空间建设，更加关注不同群体的健身需求，尤其是居民对优质环境的健身需求，形成对绿色休闲体育公共空间的格外关注。组织机构主要由联邦、州、地方三个不同层级组成，它们负责全国的公共体育服务系统的建立，制定相关的政策、规定及标准，逐渐形成了政府供给、公私合作和社区合作三种供给模式。对于健身空间领域，公园健身空间的服务和培训标准较为明晰，提出了具体的评价标准和行动策略。另外，在监督方式上主要是社会组织和私人机构，在相关法律的依托下进行互动管理，尽量满足居民健身需求并形成监督保障。

3. 日本公共体育服务

自第二次世界大战结束，该国一直实行其"高储蓄和低消费"政策，在 21 世纪初期，支持了"美国的低储蓄、高债务制度"。然而，自 20 世纪 90 年代初以来，日本经济一直陷入低迷。宽松的货币政策、延迟调整生产和服务部门以及中央政府过度慷慨的支出，给日本全国各地的企业、中小企业、市政当局和个人带来了沉重的负担。危机的分配模式远非均衡，而是与长期存在的生产力和繁荣的地区差异密切相关。日本东北部、南部和其他周边地区的城镇、城市和农村地区一直在努力跟上以信息和服务为基础的东京中部的大都市地区和工业区。工业的逐渐衰退和人口向过度拥挤的首都和主要城市的稳定迁移，对面临人口迅速老龄化和所得税基数减少的地区的活力造成了严重影响。在这种情况下，体育和休闲被赋予了特别的重要性，以平衡日本中心和边缘地区之间日益扩大的差距。本部分将从第二次世界大战结束至今这一时间节段，系统梳理关于日本公共体育服务及政策的历史。

（1）日本公共体育服务政策发展历程。

①鼓励群众参与运动（1945～1955年）。

日本由于国家资源匮乏和军国主义侵略扩张的野心致使其发动战争，这不仅导致其他国家遭受了巨大的破坏，其本土也因为遭受核武器攻击遭到破坏，住房和食物等必需品稀缺，人们只是为了生存而挣扎。然而，即使在这个极端贫困的时期（1945～1955年），体育活动仍在全国范围内兴起。人们参与体育运动的热情，在战争期间一直被压抑，随着战争结束，人们这种需求突然爆发了。1946年，日本第一届全国运动会举行，满足了人们对体育运动的需求，行政机构开始重建。1945年9月，日本重新设立了体育司，作为教育部的一部分。1946年1月，其首次设立了体育促进司，负责鼓励大众体育。从1946年5月起，教育部与地方政府官员举行了一系列会议，以了解与体育有关的地区情况。

在这些会议之后，1946年8月，外务省出版了《地方人民体育指导方针》，概述了在地方促进体育活动的基本原则。指导方针中强调将体育融入日常生活，并提出了在各地区促进社区体育的三个基本基础。非政府体育组织"日本体育协会"也明确表示，其主要目标之一是促进全民体育运动。该志愿者组织的总负责人清濑三郎表示，重建体育教育，为建设新日本作出贡献，这是体育工作者的责任，也是日本体育协会的基本使命。此外，当时在体育领域颇有影响力的学者野口元三郎评论说："如果想要成功地将体育融入日常生活，就必须建立组织、基础设施和领导力。"这将确保每个人都能毫无困难地参与体育运动。在一个文明国家，为了促进人民的福祉，这些都是人民现在可以要求的权利，而国家有责任提供这些权利。事后看来，文部科学省、日本体育协会和野口元三郎所表达的想法似乎遵循了福利国家（发达资本主义国家）的政策逻辑。然而，战后的日本效仿福利国家存在许多困难。此外，由于当时日本本土处于美国的军事占领之下，这些关于在该地区促进社区体育的想法在很大程度上是自发的。同时，这些政策思想没有得到实施，部分原因是物质环境非常差，资源极度短缺，鉴于这一时期的种种限制，最终没有取得成绩。

②地方群众体育健身推广进展缓慢（1955～1960年）。

20世纪50年代中期是日本社会经济快速增长时期，也是战后重建时期的结束。但政府的首要任务是工业部门的增长，经济高增长带来的税收收入没有适当地投资于人们的日常生活。中央政府对促进地方体育发展的问题关注甚少，体育政策的总体框架没有改变，促进社区体育的三个基本基础（领导、组织和基础设施）没有得到发展。大约从1958年决定在东京举办奥运会开始，大量的政府资金开始用于与奥运会有关的各种项目。然而，这些钱的一半以上花在了铁路和公路的建设上。对体育的直接投资仅限于建造举办奥运会的体育设施。在这里，优先考虑了某些商业利益，从而忽视了与人们身体健康有关的问题。文部科学省坦率地承认，"日本的体育运动直接或间接地随着奥运会而发展"。在筹备东京奥运会的过程中，由于政府过分强调举办一届成功的奥运会的重要性，人们的社区体育活动政策往往被忽视。

③社区体育理念的重新出现（1960～1970年）。

随着日本经济的复苏，在1961年日本政府通过了《体育促进法》。在此之前，没有其他与体育有关的立法。在经济持续繁荣的同时，环境污染这一负面因素也显现出来。在这种背景下，当地居民的运动出现了，要求改善他们的环境和日常生活，与此同时，日本的生活变得更加稳定，很明显，日本人期望更好的生活质量。由于这些情况，在20世纪70年代初，日本似乎走上了通往福利国家的道路。与此同时，文部科学省的公共卫生和体育委员会发表了题为《关于促进体育的基本政策》的报告。在这份报告中，对过分强调体育竞争力的做法提出了批评，并建议改变官方政策，使日本人能够将体育作为日常生活的一部分。这份报告值得特别提及，因为提供公共拥有的体育设施的最低标准第一次以书面形式提出。这些标准被认为是适当的，可以鼓励人们对体育运动的参与。根据这些标准，教育部计算了需要建设的设施数量。为了通过体育实现社会融合，教育部以外的政府部门也发布了自己的鼓励体育的政策愿景。例如，经济计划厅和其他机构谈到了他们的"社区体育"愿景，《关于提供社区体育设施的报告》发表于 1974 年。然而，由于当时石油危机和尼克松制裁对日本经济产生了非常负面的影响，导致公共体育政策实施的愿景无法实现。

④行政改革与私有化（20 世纪 80 年代~90 年代上半叶）。

在 20 世纪 80 年代，中央政府的政策受到"行政改革"的思想影响，并在很大程度上审查了福利国家的政策趋势。其结果是，政府预算，特别是福利、教育和文化方面的预算减少了。例如，在为地方政府建设体育设施提供援助的同时，地方体育设施预算在 1982 年达到了 118 亿日元，在后来的几年里稳步下降，直到 20 世纪 90 年代中期，预算几乎减少到一半。公共卫生和体育委员会在 1972 年发表了一份开创性的报告，但后来改变了主意，在 1989 年的报告中没有提到提供当地体育设施的标准。报告暗示建造和维护地方体育设施的责任在地方政府的手中，但它从未说明如何筹集这笔资金。在这段经济环境不利的时期，公众拥有的体育设施总数达到了一个高峰。从国内和国际的角度来看，可以看出，与其他受经济危机影响的国家相比，日本经济的复苏是相对迅速的，这一因素可能有助于政府税收的重建。但地方政府很快发现无法为当地体育设施提供必要的资金，它们已然走上了中央政府的"老路"。

⑤"不再依赖于政府"（20 世纪 90 年代后半期至今）。

全球化不仅在经济领域，而且在其他领域都产生了深远的影响，传统的福利国家别无选择，只能在许多方面作出改变，新自由主义已经渗透到日本政府政策的各个方面，但它未能为鼓励大众体育提供有效的方法。然而，它成功地将政府在这一特定领域的作用减少到最低限度。从这个意义上说，大众体育政策是新自由主义思想真正实现的领域。2010年颁布的"促进体育"条例的预算达 186 亿日元，但其中 168 亿日元用于提高国际竞争力，相比之下，大众体育的推广费用仅有 5.7 亿日元。上述提供地方体育设施的预算在 2005 年减少到 100 亿日元。2006 年对《体育促进法》进行了改革，这意味着提供体育设施的财政责任从中央政府转移到地方政府。至此，日本政府彻底离开了大众体育政策领域。

考虑到该政策的战后历史，政府在这方面的表现不能被描述为"失败"或"不成功"，因为政府从未真正试图使政策发挥作用。

那么日本人民应该依靠谁来促进大众健身？在前面提到的体育民族战略中，可以发现：日本人民群众需要摆脱由政府提供免费公共服务的传统观念，促进以社区体育俱乐部为代表的"新公共利益"的创造。社区体育俱乐部被认为是由会员和当地居民捐款管理的非营利性组织。社区体育俱乐部应该承担主要责任，为人们提供终身参与体育运动的机会，这一想法最初是在教育部的一项计划中提出的，即《促进体育运动的基本计划（2001～2010年)》。该计划于2000年8月发布，它旨在实践"终身参与体育运动"的理念。为了实现这一目标，教育部建议，到2010年财政年度结束时，应在每个地方政府辖区至少建立一个"综合社区体育俱乐部"。但截至2010年，俱乐部总数仅达到2905个。已成立的俱乐部也遇到了各种困难。它们面临的最严重的问题是确保参加体育活动所需的空间。在日本，与欧洲不同，社区体育俱乐部几乎不可能拥有自己的场地和设施；相反，它们通常不得不使用公共拥有的体育设施和附属于当地学校的设施，更糟糕的是，公众拥有的体育设施比过去少了。自20世纪90年代中期以来，这一数字一直在稳步下降。由于财政限制，改造摇摇欲坠的体育设施的想法被放弃，这些设施随后被拆除。这一现象在社区学校体育设施方面也很明显。因此，维修和保养公共体育设施变得越来越困难。最后，向公众开放的工业体育设施的数量有所下降。

（2）日本公共体育带来的产业效应。

自1945年以来，日本的体育产业一直在不断扩大。1992年体育相关产业的总资产为5.259万亿日元。该金额共包含以下几部分体育产业的总和，分别为体育用品销售总额、私人商业体育设施的注册费和年费金额以及私人商业体育设施推广的体育课程收费金额、观看体育比赛（职业比赛）的入场费。体育产业部门占休闲市场总额的7.0%，达到了75411亿日元。根据休闲发展中心的定义，以下四个领域构成了日本的整个公共体育休闲产业，分别为：运动区、爱好文化区、游乐区、旅游区。因此，体育产业的发展趋势日益控制着日本人的体育活动。

日本体育产业在 19 世纪 90 年代就已经存在，其意义是把体育器材和其他相关物品当作商品来对待和交易。然而，直到第二次世界大战后，日本的社会条件才允许该行业发展壮大，并实现了今天建立的公共与私有共生发展的公共体育服务结构。因此，要从历史的角度分析日本体育产业的当代特征，首先要从日本战败时期入手。此时"社会状况"的背景是向自由经济政策的过渡时期，这是日本经济在 20 世纪 60 年代飞速增长的基础，这种转变带来了更高的生活水平和更高的收入，为日本提供了从事大众健身的闲钱和时间。日本的公共体育产业转型共分为三个阶段。

第一个时间阶段是 1945 ~ 20 世纪 60 年代上半叶，处于筹备阶段。直到 20 世纪 60 年代，体育产业才在日本被视为一个考虑和辩论的主题。在相当长的一段时间里，日本民众的目标是解决温饱和生活必需品的采购。但与此同时，日本民众也渴望娱乐。在那些日子里，电影是最受欢迎的，所以电影院总是座无虚席。此外，日本民众还喜欢看戏、听音乐、听广播、看体育比赛（如职业棒球比赛、职业摔跤比赛等）等。直到 1955 年，生产水平恢复到战前的最高水平。随着日本民众摆脱了勉强糊口的生活，社会和经济状况也得到恢复，在这个阶段，人们想要一些新的东西。随着政府和企业界决心将休闲发展为一种产业，国民对积极休闲（如运动、旅游等）的兴趣得到了进一步的促进，旅游、体育和社会活动等娱乐市场大幅扩大。

同时，以美国为首的娱乐市场引领了时代潮流，建立了休闲体育产业的理念，然而，人们参与的休闲却很简单。待在家里看报纸、看电视，或者只是躺着不做任何特别的事情，是大多数人度过空闲时间的方式。休闲一词给社会留下的印象是，未来休闲时间很可能会增加。当时的体育产业只不过是一些高尔夫球场和网球场的组合，似乎是为特权阶层服务的，只有有限的上层社会人才能享受到。由此可以看出：日本人在该时间阶段仍然没有足够的空闲时间和闲钱来进行体育休闲活动。到

1955 年，日本经济得到了明显的重建，这一点在经济白皮书等政府出版物中有所提及。但这一评价是根据国民生产总值等国家生产指标来衡量的，很难与人民的实际生活水平相接近。那时还没有把体育运动当作业余娱乐的流行观念。年轻人和中年人主要是在军国主义教育课程中长大的，在那里他们没有机会学会把体育视为休闲活动。此外，当时的体育运动主要包括学校的体育教育或体育比赛。在日本人的日常生活中很少有其他运动。因此，当只有非常有限的人从事体育运动时，没有消费者可以将体育发展成产业并提供给消费者。

第二个时间阶段为 20 世纪 60 年代后半叶到 70 年代，这是日本社会的变化开始加速的时期。随着技术的进步，大批量生产的速度加快了。因此，一种自给自足的经济形式转变为商品经济形式。形象地说，商品包围了国民的生活。因此，生活方式发生了巨大的变化。曾经是家庭主妇的妇女开始作为有偿劳动者工作，首先是因为由于几种耐用消费品的扩散，家庭事务变得越来越少和简单；其次是因为她们必须挣钱来补充家庭预算。随着经济的高速增长和生活水平的提高，人们经历了社会的转型和生活方式的改变，他们开始在几个方面要求更高的生活质量，比如要求更长的闲暇时间。

在 20 世纪 60 年代后半期之后，国家政策导向也开始要求国民需要更多地参与体育活动，作为对更高质量生活的渴望的一个因素。许多在日常生活中从不运动的人开始对运动产生兴趣。以地方当局建造的体育设施为基础的志愿体育团体开始运作，1965 年成立并组织了体育协会。大概是为了满足人民的需求，政府总理办公室于 1965 年对国民体育活动进行的第一次调查。根据民意调查，大约 55% 的受访者在一年内喜欢参加某种运动。体育活动的参与率在 20 世纪 70 年代继续增长，达到约 65%。企业开始实施战略，以面对日益增长的公共体育需求。它们不仅试图提供需求，而且还努力刺激对体育的新需求。例如，它们提倡公共部门关注从未关心的一些新运动项目，如保龄球。接着是"保龄球热潮（1966 ~ 1972 年）""高尔夫练习场的建设热潮（20 世纪 60 年代后半叶）""高尔夫球场会员热潮（1972 年）""第二次网球热潮（1972

年）"等。

随着体育运动的蓬勃发展，私人商业体育设施相继建成。这个时候建造的设施与早期的设施不同，因为它们被认为是为更广泛的社会范围和所有年龄段的人服务。以保龄球为例。自 1966 年以来，每年开设的保龄球中心的数量和总数都有所增加。1972 年，全日本保龄球中心的数目达 3882 个，而保龄球道的数目则达 124288 个。在这个时候，许多人去保龄球中心。因此，有些运动场所变得非常拥挤。大约在这个时候，大公司开始参与体育部门作为一个新的经济管理领域。每家公司的目标各不相同。例如，钢铁工业为了使闲置的生产劳动力和闲置的土地得到积极利用，企业建造了体育俱乐部（带有体操设备或游泳池）或网球场等。在分销行业，企业试图战略性地抓住人们的需求和品位，也建立了体育俱乐部。一些公司冒险将这些俱乐部成立为新的独立公司。

为了应对私人公司的运动，政府恢复了进一步促进公共体育产业的强烈兴趣。1974 年，产业结构协议会对电影、旅游、交通等各个休闲行业的情况进行了分析，并提出了建议，体育产业是其中的一个重要部门。随着企业和政府努力实施与体育相关的策略，那些对体育感兴趣的人被吸引并融入体育产业。这一系列的变化表明，这个时代为公共体育产业的全面建立和发展奠定了基础。由此可见，由于经济的巨大发展，人们的生活水平提高了，使人们有了更长的闲暇时间和更多的钱。在某种程度上满足于物质供给之后，这个民族开始期待精神上的满足。随着公众情绪的变化，他们越来越关注体育活动。这导致了不少人群参与体育运动。

第三阶段为 20 世纪 80 年代以后，日本公共体育产业迅速发展，这种市场扩张主要是由于服务业的增长。自 20 世纪 80 年代以来，每年开业的设施数量和总数都急剧增加。从区域上看，80 年代初，它们倾向于集中在人口密集的地区，如东京市中心，而在 80 年代后半叶，它们开始在其他地区扩散，目前在全国各地都有发现。公共体育产业服务板块的增长是显著的。现在，当我们审视政府的政策时，我们看到试图进一步促进体育公共产业。产业部发表了"体育展望 21 世纪"报告书，教育部也发表了加强公共部门和体育产业之间联系的政策。随着产业的发展和国家政策的支持，越来越多的人选择商业化的产业来从事体育运动。与 20 世纪 70 年代相比，人们的年收入增加了，空闲时间也更长了，人们享受体育运动的条件正在改善。在通过各种调查中看到，"健康"是人们生活中的主要焦虑，为了对抗这种焦虑，运动是大多数人的选择。

综上所述，我们看到，体育产业的发展是与人们的需求相一致的，不仅是人们认为不断增长的体育需求是追求精神上和文化上更高生活水平的一个因素，而且是体育产业与他们的业务相融合的战略推动需求。在日本特有的公共部门体育政策缺乏便利的环境下，该行业获得了更大的能力，甚至更有效地吸收了国家对体育的需求。最后必须指出，体育产业的扩张在某种意义上把体育变成了一项昂贵的"花钱"活动。因此，如果公共部门在未来的体育条件准备（如体育空间建设）方面做得不好，那些有足够的空闲时间和多余的钱负担得起运动的人可以玩和享受，但是那些没有条件的特殊人群（特别是老年人、退休人员、残疾人等）便无法参与进去，这是"全民体育"理念中的一个大问题。

4. 国外经验总结

（1）从社会自治走向政府介入。

从历史来看，西方诸多发达国家在 20 世纪 60 年代以前，主要采取一种相对社会自治的态度，政府往往处于一种放任自流或不予干预的态度，政府资金的投入也相对较少，但在 20 世纪六七十年代后，各国政府开始成立相对的组织机构，并逐渐资助社会组织承担公共体育服务任务，加强对公共体育事业的关注力度，从部分国家政府体育主管部门和相应社会组织的建设情况来看（见表 5.6），政府治理与社会组织参与逐渐形成，政府行政部门在更大范围内发挥治理的作用，社会组织主要在促进社会团体发展和推动体育政策制定方面发挥作用。

表5.6　　　　　　　　　　部分国家政府体育主管部门一览

国家	政府体育主管部门	政府体育行政部门	社会组织
英国	文化、媒介和体育部	竞技与表演部、青少年与终身部和经济与国际部	英国体育基金会：负责大众体育和草根体育 英国体育联合会：维护和提升体育社会，推动体育政策制定和实施
法国	青年体育部	体育司、青年司、总行政司和培训司	法国体育协会：促进和发展大众体育和草根体育 法国体育联合会：服务体育社团，推动体育政策制定与实施
芬兰	教育部	文化、体育和青年政策部	芬兰体育联盟：服务体育社团，推动体育政策制定与实施
加拿大	文化遗产部	体育局	加拿大体育与健身协会：服务体育社团，推动体育政策制定
澳大利亚	体育委员会	国家竞技运动委员会、澳洲体育发展局；澳大利亚体育运动委员会	澳大利亚体育联合会：服务体育社团，推动体育政策制定
日本	文化省	体育局；体育协会；日本体育振兴中心	日本体育社区联合会：服务体育社团，推动体育政策制定

　　2010年，各国政府对公共体育建设的资金投入（见表5.7）也显示出其在公共体育服务治理方面的倾向性，不同国家展示出不同的时序变化特点，澳大利亚投入递增，其他国家有所降低。其中，以日本为显著代表，降低幅度相对较大，这可能主要受经济环境等方面的影响，但从调查的资料显示，虽然政府在资金投入上有所降低，但居民的体育参与率是呈现上升趋势的，从2010年的59.%到2019年的60.9%；其他各个国家也表现出不同的递增趋势，英国从2010年的54.2%到2019年的60.%，居民体育参与的主动性在增强。

表 5.7   2010～2020 年各国公共体育服务资金投入时序特征

年份	英国 （亿英镑）	法国 （百万欧元）	芬兰 （百万欧元）	加拿大 （百万加元）	澳大利亚 （百万澳元）	日本 （亿日元）
2010	14.0	3467	44	1845	1200	1200
2011	19.5	3411	43.5	1825	1250	1150
2012	21.5	3374	43.2	1805	1300	1100
2013	18.5	3293	42.8	1785	1350	1050
2014	18.8	3250	42.5	1765	1400	1000
2015	19.2	3220	42.3	1745	1450	950
2016	20.3	3200	42.1	1725	1500	900
2017	19.7	3180	41.9	1705	1550	850
2018	20.1	3160	41.7	1685	1600	800
2019	20.5	3140	41.5	1665	1650	750
2020		2980	41.3	1625	1700	700

（2）从自治走向法治。

西方发达国家公共体育服务的治理更多地呈现出法治的特点（见图 5.3），如英国政府 1980 年通过的《规划和土地法》和 1988 年的《地方政府法》，对公共体育服务作出了强制性管理的要求。美国《业余体育法》（1978 年）和《公园法》等对公共体育治理都作出的法治性导向或规定。在这些国家对公共体育服务的治理发展取向上，均存有一定的法律保障，这为公共体育服务治理提供了执行前提。同时，伴随着社会的不断发展，公共体育服务走向了更为精准和细致的发展轨迹，美国在法律保障的基础上，确立了《群众体育活动指南》（2008 年版和 2018 年版），对不同年龄居民的体育活动提供了较为精准的说明。英国提出了《身体活动指南：英国首席医疗官的报告》，确立了不同年龄群体的身体活动指南。另外，从法律保障上来看，也展示出对环境建设的要求，如英国的《骑行和步行投资策略》开始更加强化步道建设和交通管理的重要性，以提升公共体育服务的质量。

美国业余法（1978年） 规定美国奥委会和全国性的体育管理机构应当鼓励和支持业余体育运动的发展，尤其是对妇女、少数民族、残疾人、青少年等弱势群体的参与	美国群众体育活动指南（2008年版；2018年版） •身体活动对健康的益处 •3～5岁儿童的体力活动指南 •6～17岁青少年体力活动指南 •成人的体力活动指南 •老年人体力活动指南 •怀孕期和产后妇女体力活动指南
《身体训练和娱乐条例》（1937年） 规定了政府对体育场地设施的建设和维护，对体育教练和指导员的培训和资格认证要求 《体育与娱乐法》（1972年） 第一部全民规范公共体育服务的法律，设立了应该体育理事会，负责协调各级政府和各类体育组织的工作，并负责分配政府拨款给各个体育项目 《骑行和步行投资策略》（2017年） 促进青少年骑行自行车和步行上下学而制定的一部法律。规定了政府在道路建设、交通管理及安全教育等方面的措施，以及骑行和步行者的激励和支持	《身体活动指南：英国首席医疗官的报告》（2019年） •涵盖不同年龄人群（从婴儿到老年人）身心健康的目标 •提出了在力量、中度和剧烈体力活动以及平衡活动等方面达到最佳健康效益的建议水平，尽量减少久坐不动行为 •分析了不同健身内容的影响效应 •建议成人和老年人每周至少进行150分钟的中等强度运动或75分钟的剧烈运动 •倡导通过太极、保龄球或舞蹈等活动来提高老年人的平衡能力，以及通过身体产生影响的负重活动来维持骨骼健康

图 5.3　部分发达国家公共体育服务法治特点

（3）从社会走向社区。

西方发达国家公共体育服务走过了相对碎片化过程之后，进入了政府关注的社会发展阶段，注重对社会公共体育服务设施的建设，进入20世纪后，社区体育成为关注的基本单元，如英国在社区层面，形成了较为广泛的社区组织和机构（如学校、社区中心、慈善机构、志愿团体），用以满足社区居民的健身需求和兴趣为目标，注重参与性、互动性和可持续性。建立的学校和社区体育俱乐部负责25岁以下年轻人体育活动，并通过这些组织实施了"新的青年和社区体育5年战略""学校运动会"计划等，社区体育成为英国公共体育服务的一个主流方向。

从日本公共体育服务的发展方向来看，日本的社区体育发展也较为典型，形成了三种管理形式，分别是政府机构、社区内部的体育组织和社区体育中的民间组织，形成了互动的有效机制。同时，建立了相对完善的培训和认证制度，这使社区体育指导员的数量和质量得到了相对保障，社区体育指导员在社区体育开展中发挥了重要作用。从日本建立的各项体育法律法规也可以看出，日本对社区体育的重视程度。早在 20 世纪 60 年代就出台了《体育振兴法》，这是日本最早的一部体育法律，随后，逐渐涌现出《体育振兴基本计划》《体育场馆法》《增加休息日必须充实少年儿童校外体育活动》《运动计划基本概要》（2012 年）等，对社区体育的发展均作出了明确的规定，大大提升了社区体育组织的服务能力。

（4）从规模走向质量。

日本优化体育资源的空间布局，按照人口要素和区域特点，科学配置体育场馆、步道、公园等设施，实现了城乡服务内容和标准的统一衔接，构建了绿色便捷的全民健身新载体。其中，日本体育公园的建设坚持绿色生态底色，确保绿化用地占公园陆地面积的比例不低于 65%，推进健身设施有机嵌入绿色生态环境，充分利用自然环境打造运动场景。英国高度重视体育公园的设计与建设，强调活动多样，内容丰富，以维护居民身心健康和再生自然的高度发展。美国政府则投资建设了大量的公园、绿地、步道、自行车道等公共体育设施，为居民提供了便捷和多样的体育场所，同时，也美化了城市风貌，提升了生态价值。

从这些发展的基本趋势来看，公共体育的高质量发展呈现出各国的基本追求，即这些高质量发展主要体现在绿色生态空间建设、社区居民体育精准指导、不同年龄和不同属性人群的健身活动指南及数智技术的运用等方面，其中，绿色生态空间是公共服务的建设重点，主要体现在公共体育制度、居民需求和居民行为层面。同时，这种高质量的发展有一定的社会监督机制，如相应的社会组织在政府政策实施方面的监督作用，居民对公共体育的具体反馈政策，在一定程度上保障了绿色生态空间建设的基本需求。在这样的基础上形成了一些较为典型的绿色体育空间，如美国的中央公园，占地 341 公顷，是世界上最大的人工绿地，内有棒球场、足球场等多种体育运动设施；再如伦敦绿环，它是伦敦市区周围的一圈绿色空间，占地约 5000 平方公里，是世界上最早的城市绿环之一，为居民创造了绿色低碳的运动环境。

5. 对我国的启示

（1）政府角色：城市绿地与公共健身区匹配实施的责任主体。

政府角色在我国公共体育服务建设领域经历了不同的历史变化，可以分为三个时期。从新中国成立开始，政府扮演了"主办和领导"的角色，但当时主要是举办各项群众体育活动，如 1951 年中华全国体育总会公布推行第一套广播体操；1952 年，毛泽东主席在中华全国体育总会成立大会上提出"发展体育运动，增强人民体质"的号召；1959年，党和国家领导人出席第一届全国运动会，群众体育逐渐开展起来。但由于社会经济等因素的限制，此时的公共体育服务建设还是相对落后。改革开放以后，群众体育逐渐得到恢复和发展，尤其是提出了"管办分离"的群众体育行政体系，改变了单纯依赖国家和主要依靠行政手段办体育的高集中管理体制，开始走向了市场经济体育管理体制。1986年国家体委制定的《关于体育体制改革的决定（草案）》中明确指出："体育是全民的事业，各行各业的体育工作应由其主管部门主要负责。各系统各行业建立各自的体育联合会或体协，分别在有关部门领导下开展活动，各级体委对各部门和团体的体育工作。"由此预示着，中国公共体育开始逐渐探索政社合作道路，开始了协会办体育的道路，到1989 年统计数字显示，全国基层体协达到 4000 多个。

自 1995 年《全民健身计划纲要》实施以后，中国公共体育服务进入了新的发展阶段，政府角色也发生了快速的变化，1993 年《国家体委关于深化体育改革的意见》重申了 80 年代群众体育发展的总体思路：群众体育实行国家办和社会办相结合并以社会化为突破口，调动社会多渠道、多层次、多形式办体育的积极性的方针。在此阶段，社会性的群众体育组织网络正在形成，体育社团类型包括体总、群众体协、项目协会及行业协会等达到 308 个种类，群众体育得到了极大发展，公共体育服务也进入到了较快的发展时期，全国体育场地建设，截至 1995 年末，共有符合普查标准的各类体育场馆 615693 个，人均体育场地面积达到 0.65 平方米。

进入新时代，我国公共体育服务得到了更为全面和多元化的发展，可以说是我国公共体育服务发展的第三个时期，也是政府角色实现进一步转换的第三次飞跃，在这一时期政府在公共体育服务中的角色存在多种学术主张，服务者、监督者、购买主体、决策者、掌舵者等不同观点得到全面体现，但归根结底，是本着在市场资源配置起决定性作用的同时，如何更好地发挥政府职能，提升政府在全民健身服务领域的关键作用，发挥政府在监管、评估、引领方面的积极作用。主要存在的理论视点有三个方面：一是开始关注公共体育服务与绿色生态融合发展，绿色生态体育空间成为秉承国家绿色发展理念之一；二是从供应链的角度加强公共体育服务供给侧结构性改革，开始从全周期供应链的角度开展公共体育服务供给；三是公共体育服务高质量发展理念，提出公共体育服务在新时代走向高质量发展的轨道。

这些基本主张或研究视角为公共体育服务的广泛开展和高质量发展提供了诸多的思路或方向，也为公共体育服务的高质量发展提供了更多的路径，但从实践逻辑来看，中国公共体育服务的基础设施建设，无论是从规模投入还是效益产出角度来看，个体或社会组织的力量仍然有限，个体或社会组织更多的可能在于提供体育健身指导或服务，但健康中国战略下更多地实现中国居民的主动体育参与，需要的是更为绿色健康的体育运动环境，这就需要在基础设施建设上仍然需要继续加大力度。截至 2022 年底，《全国体育场地统计调查》显示，人均体育场地面积 2.62 平方米，虽然这一数据已经有了很大变化，但距离美国人均场地面积 16 平方米的距离还有很远。同时，这一数字也仅仅停留在人均体育场地面积，并没有对体育场地的类型进行有效划分和统计，真正能够从绿色生态体育空间角度加以统计划分的依据仍不足。

进入公共体育服务高质量发展阶段，政府的角色界定就需要更加明确，政府的角色于新中国成立初期已经发生了较大的变化，也走出了具有中国特色的实践探索之路，从官办走向了管办分离，又从管办分离走向了购买者、服务者和监督者，走过了我国公共体育服务发展的三个典型阶段，但作为主体角色的地位应该不能动摇，城市绿地与公共健身区匹配实施是需要政府多部门的共同合力，或是多部门的联动机制，单纯体育部门或城市绿化部门还难以进行，尤其是在场地投入、实施标准等方面，均需要由政府组织、会同、实施和评估，单纯社会组织和个人无法完成这一任务。

政府作为责任主体需要确立自身的定位，责任主体并不代表实施主体，也不代表回归官办。作为责任主体，首先应该明确主动性，即应该确立城市绿色体育生态空间建设的主动性，这就要求政府从制度层面确立城市绿地与公共健身区匹配实施的政策要求，如这一匹配区是否纳入城市绿色覆盖率，同时，是否纳入城市公共体育服务场地面积，需要在政策上作出明确规定。其次，由政府主动牵头确立投入方向和规划空间，对体育部门、绿地部门及相关职能部门确立会同机制，建立部门专属的实施机构。最后，政府作为责任主体，应根据地区实际情况，由专属机构组织实施，至于是完全购买、部分购买还是自身承办应根据现实情况作出决策，但必须做好监督机制建设，确立监督主体，同时，这一监督主体必须包含居民个体，为居民体育参与提供政策反馈机制，提升公共体育空间的认知度和实际使用效率。

从目前的诸多研究视角来看，政府作为责任主体的地位应该是肯定的，但存在执行场域上的区别，主要呈现出两种视角：一种注重县域场域上的执行，认为城市绿地与公共健身区建设应在县域或区域层面上展开进行，县域或区域是具体执行场域，县域或区域是责任的具体执行者，理由主要在于县域或区域是中国区划行政上的具体执行单位，发挥着承上启下的具体传达和执行作用，为此，在推进城镇化建设和区域规划上是实施的主体。另一种注重区域之间的协同治理，该理论主张将城市整体规划作为统一来看待，要从覆盖率和承载力上来考虑，注重公共健身区的选址和布局，达到整个城市公共健身区和绿地匹配实施上的协同治理，提升整个城市的治理水平。

（2）实施方式：城市绿地与公共健身区匹配实施的实践路径。

城市绿地与公共健身区匹配实施可以归属于绿色生态体育空间建设，这一理念早在 20 世纪 90 年代就在我国得到发展，秦启宪（1997）① 针对现代的体育设施提出了绿色景观设计，对上海体育场绿化设计提出了诸多绿色设计理念，后期绿色体育场地建设理念在我国开展起来。伴随着新时代绿色发展理念的提出，绿色生态体育空间建设更是达到了一种新的高度要求，自 2010 年以来，相关立项的国家社科基金项目也在增加（见表 5.8），从中可以看出，绿色生态体育空间建设得到越来越多的学者关注。

表 5.8　　2012 年以来有关绿色体育研究的国家社科基金项目一览

年份	主题
2011	城市公共体育设施建设布局的经济地理学研究
2012	绿色体育视域下的体育生态文化建设研究
2017	基于绿色发展理念的中国冰雪运动发展战略与政策选择研究
2017	生态体育旅游的价值共创机理及创新对策研究
2019	新时代体育旅游高质量发展研究
2020	农村三变改革与民族特色村寨体育旅游融合发展
2020	基于"一带一路"倡议的中国足球国际合作机制构建及其对外传播效应评估——以"足球＋"为切入点的多维度分析
2021	北京冬奥会背景下体育与生态文明协同发展
2021	基于北京冬奥会的京张体育文化与文旅产业融合发展

①体旅融合。

2014 年国务院颁布《关于加快发展体育产业促进体育消费的若干意见》和 2017 年乡村振兴战略的提出，使得体旅融合成为研究焦点之

---

① 秦启宪．现代的体育设施和谐的绿色景观——浅谈上海体育场绿化设计 [J]．上海建设科技，1997（4）：39－41．

一，并逐渐形成一部分国家体育旅游示范基地（见表5.9）。目前，围绕体旅融合主要呈现出以下几种视角：一是乡村旅游与体育旅游或体育项目相结合，推动地区旅游发展，以旅游带动体育，或是以体育带动旅游，围绕这一主题形成了民俗村落体育旅游、地方休闲体育、海洋体育文化及冰雪体育旅游等研究主题；二是体旅融合保障机制建设，以部门联动机制构建为主线，建立地区性的体旅融合保障，推动地区体旅融合发展；三是"体旅融合＋项目"建设，部分国内学者聚焦"体旅融合＋项目"开发和建设研究，如部分地区开展体旅赛事，同时附加中国体育非遗文化的健康体验项目，形成"体旅＋体育非遗文化"综合性发展视点。从这些发展的视角或理论视点来看，体旅融合注重了生态文化建设的内涵，体现出绿色生态空间建设的基本特点，但整体上是以服务体育经济或体育产业为根本目的，全民体育的公共体育服务宗旨处于相对弱势地位。

表5.9　　　　　　　　　国家体育旅游示范基地一览

名称	级别	年份
河北省张家口福龙四季小镇	国家体育旅游示范基地	2021
黑龙江省牡丹江镜泊湖风景名胜区	国家体育旅游示范基地	2021
浙江省杭州千岛湖景区	国家体育旅游示范基地	2021
万龙滑雪场	国家体育旅游示范基地	2021
太舞滑雪小镇	国家体育旅游示范基地	2021
北大湖滑雪旅游度假区	国家体育旅游示范基地	2021
松花湖度假区	国家体育旅游示范基地	2021
长白山鲁能胜地	国家体育旅游示范基地	2021
亚布力滑雪旅游度假区	国家体育旅游示范基地	2021
神农架国际滑雪场	国家体育旅游示范基地	2021
广州融创文旅城	国家体育旅游示范基地	2021
西岭雪山	国家体育旅游示范基地	2021
鳌山滑雪度假区	国家体育旅游示范基地	2021
可可托海国际滑雪场	国家体育旅游示范基地	2021

②选址布局。

选址布局主要是从城市规划、城市结构及生态承载力等角度展开研究。一是健身步道或廊道建设。充分利用自然环境、河流及森林步道等开展公共体育场地建设，做好城市绿地与公共健身区建设的同步化。二是城市结构优化调整。目前，该方面的研究主要注重部分城市体育场地的建设，如城市体育公园建设。蔡玉军（2012）以上海市中心城区为例，运用 ArcGIS 分析了上海市城区公共体育空间结构，对城市级、区县级、乡镇街道及辐射范围进行了空间结构划分，得出城市公共体育空间结构的非均衡化和不理想状态，特别是居住区级，出现严重的"倒挂现象"。董德朋（2017）运用 ArcGIS 技术完成了对长春市中心城区公共体育空间结构分析，从区县、街道及覆盖范围等方面分析了空间结构特征，提出了城市公共体育服务空间的"发展带式"结构。三是从生态承载力视角展开选址布局研究。王月敏（2015）基于京津冀都市圈体育旅游生态承载力进行了测评，提出体育旅游生态足迹的概念，并分别确立了体育旅游交通足迹、体育旅游餐饮足迹、体育旅游住宿足迹和体育旅游健身足迹等的基本范畴。李小飞（2023）对环境承载力与体育旅游开发之间的关系进行了探究，确立了环境承载力的积极作用。目前从这一方面的研究范式来看，主要是呈现空间结构特征，分析了空间结构发展中存在的问题或不足，对城市绿地与公共健身区匹配实施的经典性实践案例性研究不够，主要还是在相关文件层面（见表 5.10）。

表 5.10 绿色体育空间建设的相关文件

年份	政策名称	政策内容
2021	《关于构建更高水平的全民健身公共服务体系的意见》	提出要拓展全民健身新空间，制定国家步道体系建设总体方案和建设指南，支持依法利用林业生产用地建设森林步道、登山步道等健身设施
2021	《关于推进体育公园建设的指导意见》	提出要推进体育公园建设，推动体育公园向公众免费开放，在现有郊野公园、城市公园中因地制宜配建一定比例的健身设施

年份	政策名称	政策内容
2021	《全民健身计划（2021—2025年)》	提出要加大全民健身场地设施供给，新建或改扩建2000个以上体育公园、全民健身中心、公共体育场馆等健身场地设施

（3）评价机制：城市绿地与公共健身区匹配实施的保障取向。

目前，关于城市绿地与公共健身区匹配实施的评价取向主要是针对场地适宜性展开评价研究。孟玮（2022）以杭州城北体育公园为例，对城市公园绿地进行了游憩适宜性评价，构建了大众审美、生态服务、游憩行为、配套设施、区位交通、健康功效感知等六大维度上的评价体系（见表5.11）。涂振顺（2020）以厦门岛东南部滨海为例（见表5.12），对体育休闲海域空间适宜性进行了评价，提出了水上动力性和非动力性与沙滩动力性和非动力性的指标体系。从整个场地的适宜性评价体系来看，绿色景观、配套设施、健康功效及旅游资源数量等是普遍关注的维度指标，这些研究为城市绿地与公共健身区匹配实施提供了测评方向和建设取向。但从目前来看，专门针对城市绿地与公共健身区匹配实施的标准化文件仍相对薄弱，这些研究成果主要仍停留在学术层面。

表5.11　　　　城市公园绿地健康休闲游憩适宜性评价体系

准则层	要素层	指标层
大众审美	植物景观	植物群落空间围合；物种特征；结构特征；外貌特征
	水体景观	水体形式；驳岸形态
	园路景观	园路形式；园路舒适度
	人文景观	文化景观鲜明性；建筑景观鲜明性；下品景观丰富度
生态服务	空气质量	空气清新；芳香宜人
	环境感知	人体舒适度；环境卫生干净；声环境舒适度

续表

准则层	要素层	指标层
游憩行为	游憩空间	空间多样性；空间安全性；空间人性化
	游憩活动	大众参与度；活动丰富度
配套设施	游憩设施	趣味性；安全性；多样性
	基础服务设施	标识系统完善度；休息设施完备度；卫生设施
区位交通	区位条件	地理位置
	交通条件	外部交通；内部交通
健康功效感知	生理健康	强身健体；增强机体免疫力；感官得到调节
	心理健康	提高注意力；缓解焦虑情绪；内心感到愉悦；增加安全感
	社会健康	缓解社交恐惧症；增进邻里交往；提高社会认同感

注：依孟玮，2022。

表 5.12　厦门岛东南部滨海体育休闲空间适宜性评价体系

目标	准则	指标层
水上非动力类适宜性	资源因素	海滩平均宽度；海岸线长度；海域面积；单位面积旅游资源个数
	自然环境	海水浴场健康指数；区域平均水深；常年平均风速；平均流速；低潮高地、暗礁面积比例
	社会因素	日平均游客密度；单位面积旅游设施数量；与环岛路之间平均宽度
水上动力类适宜性	资源因素	海岸线长度；海滩平均宽度；海域面积、单位面积旅游资源个数
	自然环境因素	海水浴场健康指数；沉积物质量；区域平均水深；常年平均风速；平均流速；低潮高地、暗礁面积比例
	社会因素	日平均游客密度；单位面积旅游设施数量；与环岛路之间平均宽度

注：摘自涂振顺（2020）部分指标体系。

（4）福利效应：城市绿地与公共健身区匹配实施的间接功能。

福利效应是指一项社会经济活动对社会福利状况带来的改变（影响），即该项社会经济活动究竟是增加社会福利，还是降低社会福利，如对环境、健康、教育、文化等方的影响。具体反映的指标包括效率维度（如社会生产效率）、公平维度（基尼系数）、主观维度（幸福感）及多维度（健康、教育等）。体育参与带来的福利效应是指体育运动对社会福利状况的影响，包括对个人和社会的身体、心理、经济和文化等方面的影响。习近平总书记对体育的"四个重要"的论断也进一步展示了体育参与的福利效应功能，即体育是提高人民健康水平的重要途径，体育是满足人民群众对美好生活向往、促进人的全面发展的重要手段；体育是促进经济社会发展的重要动力；体育是展示国家文化软实力的重要平台。

关于体育参与带来的福利效应，目前，关注度较高的是社会资本和幸福感的研究，在社会资本方面，边燕杰（2022）将身心健康和生活满意度作为体育社会资本的因变量测量指标（见表5.13），在群体层面，平均地位优势越大，群体的体育社会资本越高；个体层面，体育社会资本存量越高，居民的身心健康状况越好，生活满意度也越高。体育的幸福感变量也是社会资本效应的一个方面，个体幸福感的提升是社会关系纽带建立的心理基础，是避免个体与社会脱节的基本保障。由此，体育社会资本从人际关系、社会信任及互惠互利等变量视角验证了对生活质量、幸福感及健康水平的积极作用。

表 5.13　　　　　　　　个体社会资本的相关变量

维度	指标
人际相处自我评价	友善、合作、尊重
人际关系网络	朋友、同事、邻居
社会信任水平	政府信任、媒体信任、制度信任
互惠互利水平	分享、借用、捐赠、志愿
社会参与程度	政治、组织、活动、公益

（5）主动健身：城市绿地与公共健身区匹配实施的普遍本质。

主动健康的核心理念是围绕《健康中国"2030"规划纲要》提出的从以治病为中心向以人民健康为中心转变的目标，利用物理、心理等非药物手段，对人体施加可控刺激，激发并提高人体自我修复和自组织能力，实现低成本可持续的健康保障新路径，构建人类健康医学新范式。《2022 国民健身趋势报告》显示，我国 7 岁及以上年龄人群中，每周至少参加 1 次体育锻炼的人数比例为 67.5%，较 2014 年增长 18.5%。有意识主动参加体育锻炼的人群每周平均健身 2.52 天，每周平均健身累积时长为 99 ~ 120 分钟。公共体育场馆、广场空地或道路、健身路径、社会体育场地一级公园内园路与铺装场地等都是主要的健身场所。

之所以强化城市绿地与公共健身区匹配实施，本质目的就在于提升居民主动体育参与的水平，在绿色生态的环境中达到提升体育参与的目的，从而推动中国公共体育高质量发展进程。目前，关于主动健康的研究主要集中在老年人群体，从近几年国家社科基金立项中可窥见一斑（见表 5.14），从选题方向来看，围绕慢性病、健康促进模式及运动干预方案等方面展开，青少年群体和公共体育空间适配机制建设研究不足。诸多国外研究已显示，公共体育服务的基本方向在于高质量发展，高质量的体现之一在于绿色健身环境的配备，为此，城市绿地与公共健身区的匹配实施本质在于实现全民主动体育参与行为。

表 5.14　　　　近年来关于主动健康主题的国家社科基金项目

年份	题目
2022	主动健康下体卫融合运动数字疗法研究
2022	主动健康背景下老年人运动风险智能化防控体系研究
2022	主动健康视域下不同运动干预模式改善老年人认知研究
2022	主动健康视角下失能老人"给予式照顾"困境及突破路径研究

年份	题目
2023	主动健康导向下的重大慢性病健康管理四维协同机制研究
2023	积极健康老龄化背景下主动健康服务模式构建及实现路径研究
2023	主动健康视阈下老年人体医融合供需适配机制研究
2023	青少年主动健康行为养成机制与引导策略研究

（6）数字体育：城市绿地与公共健身区匹配实施的发展助力。

数字体育是指数字技术与传统体育相结合的一种新型体育形式，它利用 IT、通信、互联网等技术手段，将数字游戏和数字媒体与体育锻炼、竞技健身、互动娱乐等相融合，创造出多样化的体育消费和体育服务。数字体育在推动社会各行各业发展方面的助力作用是肯定的，给全民体育参与带来了新的实施和监控手段。数字体育也得到国家有关部门的高度重视，国家体育总局印发的《"十四五"体育发展规划》中提出，"加快数字化发展、建设数字体育的创新发展思路，包括打造全民健身服务'一张网'、完善运动员注册与等级管理系统、加快体育场地设施数字化升级改造"。《2023 年群众体育工作要点》中强调"加大场馆开放、全民健身场地设施建设、公共场所全民健身信息服务平台建设，推动公共体育场馆进行数字化升级改造等工作"，数字体育在中国进入了一个新的发展阶段。

从国外公共体育场地的建设来看，数智化特征表现较为明显，从国内研究取向来看（见图 5.4），数字体育学、数字体育制造、数字体育与主动健康、数字体育教育及数字体育产业等成为特点主题，未来，公共体育空间数字化应着眼于数字化精准识别、个性定制、资源配置、服务载体建设及部门协同等方面，实现地区应用经典案例，提升数字体育平台服务能力。

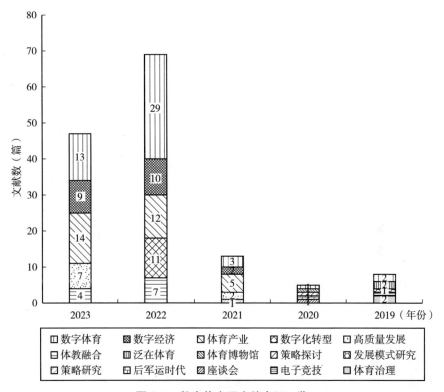

图 5.4　数字体育研究特点词一览

第二节　城市绿地与公共健身区
匹配实施的现实问题

　　城市绿地与公共健身区协同实施还存在一些现实问题，如标准化、部门联动机制、地方保障性法规，当然，在具体的实施过程中也还存在执行力、反馈机制及城市化结构等自身痼疾，但系统认识我国城市绿地与公共健身区协同实施现实问题，有助于人们更加清楚地认识当前境遇，为推动这一政策的不断建立和实施提供参考依据。

1. 政策的标准化不足

自 1995 年实施《全民健身计划纲要》以来，公共体育服务进入了中国式现代化建设的历史新进程，国务院印发的《国家基本公共服务体系"十二五"规划》中明确要求实施基本公共体育服务建设工程，并开始从政策的角度制定基本公共服务的国家标准，如可供使用的公共体育场地（含学校体育场地）占全国体育场地总数的 53% 左右，经常参加体育锻炼人数所占比例达到 32% 以上，明确了在特定历史阶段我国基本公共体育服务的最低标准。随之出台的多项全民健身政策和全民健身工程的实施都极大地提升了公共体育服务投入方面的建设规模。

然而，在公共体育服务政策的实施过程中，明确能够反映城市绿地与公共健身区匹配实施的政策是《〈全民健身计划纲要〉第二期工程第二阶段（2006—2010 年）实施计划》，其强调了在"城市公园""自然区域"等建设全民健身活动基地的指向；"十二五"规划和"十三五"规划期间国家体育总局、民政局及国家发展改革委均出台了该方面的激励政策，但整体上强调的是建设要求和指向，截至 2021 年由国家发展改革委、体育总局等 7 部门联合印发的《关于推进体育公园建设的指导意见》中才明确提出了支持建设把绿色作为鲜明底色的体育公园，不是钢筋水泥堆砌的体育公园；支持建设与自然生态融为一体的开放式的体育公园，不是体育场馆聚合在一起的封闭式的体育公园；支持建设健身设施有机嵌入绿色空间的体育公园，不是健身设施过度侵占绿色空间的体育公园。同时，在文件中明确提出了公园绿化用地占公园陆地面积的比例不低于 65% 的标准建设，这在我国新时代城市绿地与公共健身区协同实施方面迈出了标准化的一步，但标准化的政策性文件或权威性政策文件力度仍不足，标准的细则也仍未能明确，如城市绿地与公共健身区匹配实施的最低面积、服务半径、城市绿色健身空间的格局要求等。

2. 部门联动机制不高

《国务院办公厅关于加强全民健身场地设施建设 发展群众体育的意见》中明确提出，争取到 2025 年，有效解决制约健身设施规划建设的瓶颈问题，相关部门联动工作机制更加健全有效。随着我国公共体育服务建设的进程不断推进，单靠相关体育职能部门一方面的力量显然是不切实际的。我国公共体育服务建设无论是传统的政府直接投入型时期，还是后来的政府购买的间接投入型时期，公共体育服务建设主要是由人民政府负责组织、会同、协商等有步骤地开展，地方体育局负责监管，这种单线式的模式往往在各自利益主体缺失的情况下是难以达成的，这也就造成了我国公共健身设施投入的一次性现象是非常普遍的，很多公共体育健身设施不仅在投入上是单一的，而且到了报废期也无人问津，许多先前投入的场地健身器材都已存在安全隐患，但仍然处于一种自然使用状态，监管责任无法有效落实，实施力度也非常大。

3. 协同实施的多元化需求不足

城市绿地健身区的主要作用就是为参与体育健身的群体提供一个自然生态的环境以供其休闲娱乐，健身区通过消除污染物、释放有益物质等来改善其公共环境，即城市绿地健身圈对人们具有极大的健康促进作用。由于城市公园绿地可提供舒适环境并对人们起到愉悦身心、消除疲劳、舒缓压力等积极影响，因此，城市绿地公共健身区的存在对社会正面效应有着有利的影响，综上所述，绿地健身区对城市公共服务具有重要的意义。

调查发现，目前城市绿地与公共健身区匹配的设备器材主要适合老年人的使用需求，但对一些特殊群体——如残疾人、青年、儿童等群体健身需求考虑得不够周全。在大部分公共健身区中儿童喜欢在器械上玩耍，容易发生意外，使孩子受伤，建议设立儿童活动区域，地面多采用塑胶、草坪等材料防止儿童摔倒磕伤。而对于青年人来说，有些器材锻炼强度较小，可适当增加力量型器械或者建议其选择其他的健身方式。

对于残疾人来说，应深入了解不同障碍的残疾人的使用需求，建议社会体育指导员进行分类指导。社会体育指导员同时可以向市民推广一些经济实惠、简单易学、科学有效的运动项目，如瑜伽、仿生走、体育游戏等健身休闲项目，满足各类人群对体育健身的需要。

4. 公共健身服务单一

目前，大多数体育健身公园的供给主体为政府部门，体育公共服务也与之相同。毫无疑问，城市绿地公共健身区的前期规划、后期建设及运营的整个环节都是由政府实施的，据调查烟台市体育公园由烟台市政府全额投资建成，是由多功能体育馆、游泳跳水馆、综合训练馆、射击场馆和室外场地设施组成的占地 132.8 公顷的体育公园，为山东省第一个集体育竞技与旅游、健身、娱乐、商贸为一体，具有体育旅游特点的景区。建成后由烟台市体育局管理，管理人员部分纳入事业编，场地维护管理费用全额为政府财政拨款，直接为市民或游客提供体育公共服务，随着时代的进步，经济的发展，人们健身运动的热情日益高涨，对体育公共服务的需求日渐增加，社区有限的健身资源已经满足不了人们对健身的需求，所以，在公共健身区的体育公共服务这一业务中，政府也必须要坚持其主导地位，这并不是说一切都需要政府的直接供给，一些非政府部门、民间组织、私人机构、非营利组织等也可作出一份贡献，但现阶段上述几种社会组织数量匮乏、规模有限，缺乏活力，可参与到健身区公共体育服务中的规模有限，这一因素直接导致公共体育服务供给不足的问题。

由于绿地公共健身区的公共体育服务供给长久以来一直为政府供给，政府与居民需求之间存在一定的衔接性，所供给的内容未必可以和广大人民群众的需求相贴合。当然，这也有一定的社会发展因素：第一，我国的公共体育服务起步比较晚，这就造成了基础差、底子薄的不利因素，再加上体育公园的投资成本大，后期的维护和经营费用又高，并且由于都是公益提供，收入有限，扩建能力受到限制。第二，社会资本结合公共体育服务这一趋势还没有形成规模，无论是制度上还是实践形式上，缺乏高质量的有效契合。

5. 资源管理缺乏精准定位

随着人们物质生活水平的提高，人们的健身意识不断增强，对绿色公共体育服务有着更高的要求，进入绿色体育空间进行体育参与的居民流量增加，这也意味着进行管理监督的难度增加，如何高效率地管理绿地公共健身区的公共服务成为了核心问题，大多数出现的问题为前期注重建设，而后期资源的维修、护理及保养，在起初建设时花费了大量的人力物力，但是由于后期的管理不当，使得很多健身器械及场地遭到了不可修补的破坏，只能进行换新处理。更有时，管理人员也没有及时地反馈市民在体育公园真正的健身需求，导致一些场地出现无人使用问题，或者存在占有现象，绝大多数时间居民无法正常使用。

6. 区块链应用不成熟

2019年3月起，上海市体育局利用拨款资金开发区块链系统，率先推出微信小程序，助力当地市民进行全民健身。这是我国较早利用区块链技术应用于体育领域，主要涉及体育大数据开发、体育知识产权保护、体育商业运营和应用场景等。目前，该体育公益项目主要包括分发给群众配送券、场馆器械资源的预约、记录自身的健身时间以及通过健身积分兑换小礼品，等等。该体育公益配送项目，为群众带来优惠福利的同时也激发了市民主动参与体育锻炼的积极性，增加体育场馆人群数量的增长，避免了公共健身场地的资源浪费，合理地分配了公共健身区场地的利用，达到社会效益与经济效益相统一的效果。

目前，区块链技术在体育领域并不成熟，因而，提出运动健康数据银行这一探索性理念。运动时间银行是以运动时间积分作为流通媒介，将区块链技术与大众体育相融合的创新应用，私人健身教练的课程预约及场地资源分配、体育用品购买、专业从业咨询和业内资源高吻合度匹配等，都可以在大数据的支撑下变得更加智能和精准。运动健康数据银行会在区块链上记录存储用户的运动数据、身体指标、就诊记录等相关信息，被授权的用户拥有查看或调取这些数据的权限，并用先进技术对数据加密存储，数据使用者和监管机构用相应的公钥访问数据库，确保区块链数据的隐私性和安全性。对用户身份信息、记录上链的运动健康数据等进行信息隐藏。当然，这些手段目的就在于提高全民体育参与的主动性，提升居民幸福感，满足居民文化生活需要，这些技术手段的应用更需在绿色体育空间上作出规划实践。

7. 社会体育组织缺乏有效联动

时至今日，学界对社会体育组织这一概念定位较为模糊，还未形成统一的概念。在社会体育组织概念的界定中主要涵盖了社会体育组织的类型、属性、目标等定位。认为社会体育组织是"人们根据自身喜好，自愿组成的非营利性体育组织"，如各类项目协会、非营利性体育俱乐部、体育民间组织等。随着我国全民健身体系的快速发展，公共体育服务由政府提供的一元化治理向有关部门管理、社会组织协同进行转变。

社会体育组织的特点为非政府性、非营利性，能有效的助力和改进政府公共体育服务不足这个问题，是全民健身公共服务的主要参与者和供给主体。《全民健身计划（2011—2015 年）》《全民健身计划（2016—2020 年）》中提到，鼓励社会体育群体组织承接全民健身公共服务，与政府合作，提高全民健身公共服务质量，服务群众。当社会组织参与全民健身公共体育服务中，可以有效地提供健身指导、场地设施使用指南、赛事运行保障及区块链操作指导，在公共体育服务中扮演着重要角色。

当然，社会体育组织在现阶段对公共服务体系的促进效果还待于提升，存在的问题有以下几点：

（1）后脱钩时代下的相关支持政策。

随着时代的发展，政府日益注重大众体育的发展。我国先后颁布了《关于运动项目管理实施协会制的若干意见》《全国性体育社会团体暂行管理办法》《国务院机构改革和职能转变方案》《行业协会商会与行政机关脱钩总体方案》等相关政策文件。在此期间，各地区响应国家号召，逐渐对相关政策进行普及与落实，但在这些政策的实施中，社会体育组织正走向一种后脱钩治理时期。

（2）社会体育组织建立诚信监管体系。

我国社会体育组织的发展，离不开政府的扶持，早在1998年，国务院就颁布了《社会团体登记管理条例》这一政策，由登记管理部门和业务主管部门对社会体育组织进行的双重管理体制。2001年，国家体育总局颁布了《全国性体育社会团体暂行管理办法》，明确将国家体育总局作为社会体育组织的业务指导单位。政府和社会应对社会体育组织进行相对程度上的监管，尤其是诚信监管，应建立畅通的诚信监管标准。体育社会组织正面临脱钩后的监管责任问题，尤其是在这一历史过渡期，诚信如何保障成为当下的一个重要任务。

（3）社会体育组织自身管理制度。

2020年10月，全国体育总会推出了《关于全国性行业协会商会与行政机关脱钩后党建工作管理体制调整的办法（试行）》，明确了接受单位党建领导的职责，确定了脱钩后党建工作具体管理办法。目前，我国绝大多数省份正在积极推进，但面对着脱钩实体化进程，社会体育组织的管理水平有待提高。从整体组织结构上看，体育组织中大部分为体育团体，体育民办非企业单位、体育基金会占比相对较少。在组织评估与反馈上，有1/3的社会体育组织缺乏内部评估，有1/3的社会体育组织通过口头报告进行评估。社会体育组织自身管理制度是保障社会组织从有序走向良序的内在驱动力，这种自身制度的脆弱性也导致了社会体育组织公信力的下降。

（4）社会体育组织经费来源渠道有限。

经费是维持一个组织保障完成工作的基础，资金的投入是社会体育组织参与全民健身公共服务的前提。在赛事活动的主办、信息活动的宣传及体育场地设施的租赁、购买与维护中，皆离不开经费的投入，经费渠道来源单一这一问题是社会体育组织发展和全民健身公共服务建设中的通病。在社会体育组织参与全民健身公共服务中，大多数社会体育组织经费主要来源于政府财政支出，其他收入渠道包括服务收入、企业捐助、个人与社会资助、承接公共体育服务等，但远远不及政府拨款数额。在大多数城市社会体育组织中，90%社会体育组织的经费来源于政府拨款，同时，部分社会体育组织未对财务情况进行公开说明，财务审计方面有待提高。

第三节　城市绿地与公共健身区协同实施策略

党的十八大报告首次论述了生态文明建设，首次把生态体育文明建设摆在国家发展的总体布局高度。为了应对健康中国进程和居民健身需求，国家和各级政府在城市环境方面加大了生态体育资源建设的力度，并逐渐从政策层面进行了呼吁和指导，研究也证实了全民健身与生态环境对全民健康的积极作用，同时，也验证了有关学者的这一观点（Cohen，2009；Evenson，2002）。虽然，学界对于生态体育的界定还存在一定的差别，但基本范畴是指能够为体育运动的开展服务或者能够被体育运动所利用的一切自然资源，包括城市森林、草地、绿色廊道、水域及其他能提供自然生态系统服务功能的景观环境系统（张健，2019）。生态体育空间建设就是在这些自然资源基础上与全民健身资源匹配建设的物理空间和社会空间，为了实现新时代这一生态体育空间的发展方略，应着力从以下几个方面展开实施。

1. 着力生态体育空间政策导向，提升全民体育参与

绿色生态体育空间政策是行为的先导和保障，目的在于形成全民体育主动参与格局，董德朋（2021）研究分析提出："党的十八大把生态文明建设提升为国家制度，并将其作为新社会文明形态的一项普世价值

观渗透于各个社会领域"。同时，体育强国背景下的冰雪运动文化也需要在新的社会文明形态下来解读，而这个新社会文明形态便是"生态文明"。由此可见，全民健身与生态环境的协同发展是新形态和新业态，也是我国体育强国建设和生态文明理念的基本要求，相关的政策中已得到体现（见表 5.15）。

表 5.15　　　　　　　　生态体育空间建设的政策文本

文件	2009 年		2011 年	2016 年	2019 年	
	《全民健身条例》	《全民健身工程》	《全民健身计划》	《全民健身计划》	《体育强国建设纲要》	《健康中国行动》
主旨要义	公园、绿地、广场等公共场所和居民住宅区的管理单位，应当对该公共场所和居民住宅区配置的全民健身器材明确管理和维护责任人	选址注重环境设计，充分保护和利用自然地形和天然资源（如水面、林木等），考虑地形和地质情况	充分利用公园、绿地、广场等公共场所和山水等自然条件，建设公共体育设施以及健身步道、登山道等户外运动设施	结合国家主体功能区、风景名胜区、国家公园、旅游景区和新农村的规划与建设，合理利用景区、郊野公园、城市公园、公共绿地、广场及城市空置场所建设休闲健身场地设施	统筹建设全民健身场地设施，加强城市绿地……体育健身公园等场地设施建设，合理利用城市空置场所……公园绿地等空间，鼓励创建……田园景区等	推进城市慢跑及步行道、绿道建设，城市慢跑步行道、绿道的人均长度（米/万人）持续提升

目前，我国正在积极推进全民健身工程及公共健身场所建设，尤其是群众身边的健身场所，据研究显示（郭修金、冉强辉等，2016），我国有 12 个省、自治区、直辖市达到 A 类（80% 以上的健身工程覆盖率）。据本研究统计，中国体育场地人均面积仍较低，且存在省际不均衡性（见图 5.5），也存在与生态环境的协同性问题，协同度达到较高和高水平的省份仅为 8 个（25.8%），其中东部省份占 6 个。为此，在

新时代中国居民的健身需求与生态体育资源建设是息息相关的，是存在明显的互馈关系的，新时代建设群众身边的健身场地，更应该体现与生态环境的匹配实施，并逐渐走向小康社会建成后的智慧化生态体育空间建设轨道。

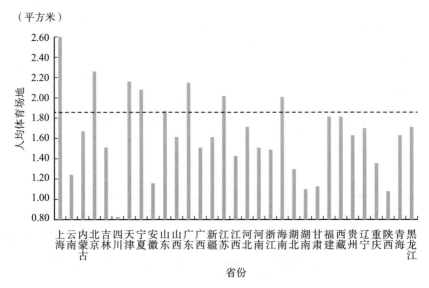

图 5.5　各省、自治区、直辖市人均体育场地数量示意

2. 制定出台生态体育空间标准，进入星级评定序列

《"健康中国2030"规划纲要》指出，到2030年，经常参加体育锻炼的人数达到5.3亿人，但在众多的影响因素中场地设施不足是主要致因。同时，我国的体育场地设施建设在前期规模投入的基础上，更应该与生态环境融为一体，对新建体育场地设施要逐渐建立绿色覆盖标准规范。从以往的体育场地设施投入来看，虽然也形成了一定的规范标准和星级评价标准（见表5.16），如全民健身工程中对乡镇体育设施建造要求、选址要求及质量和安全要求等的标准，如一片带台阶的灯光篮球场地：占地面积约为1240平方米（长约40米，宽约31米），行政村

体育设施覆盖率到 2030 年实现 100% 覆盖等，但这些标准主要是对体育场地的单方面要求，缺乏与生态环境的匹配比、可达性等指标的具体建设标准。

表 5.16 体育场所行业标准一览

序号	标准号	标准中文名称	批准日期	实施日期
1	TY/T1001.1—2005	体育场馆设备使用要求及检验方法第 1 部分 LED 显示屏	2005 – 7 – 20	2005 – 12 – 1
2	TY/T1002.1—2005	体育照明使用要求及检验方法第 1 部分室外足球场和综合体育场	2005 – 8 – 23	2005 – 12 – 1
3	TY/T 3001—2014	体育场所服务质量管理通用要求	2014 – 4 – 03	2014 – 7 – 01
4	GB/T 18266.1—2000	体育场所等级的划分（保龄球）	2000 – 12 – 05	2001 – 05 – 01
5	GB/T 18266.2—2002	体育场所等级的划分（健身房）	2002 – 09 – 06	2003 – 04 – 01
6	GB/T 18266.3—2017	体育场所等级的划分（游泳）	2017 – 09 – 07	2018 – 04 – 01

谈到城市绿地与公共健身区匹配空间建设，近些年提出的公园绿色体育资源建设是理想选择之一，有关研究指出，可达性高、体育活动场地设施完善的城市公园是应对场地设施缺乏的理想选择（Pleson，2014），然而，我国在该方面的建设标准也相对不足，从目前现有的标准来看（见表 5.17），较具权威的国家和地方标准主要有 5 个，各地方也相对缺乏地方性标准规范和指导性文件，现有的国家和地方标准也主要集中在绿地资源和生态环境指标的量化评定方面（如绿化覆盖率、人均绿地面积等）。为此，尽快出台该领域的行业标准，是推动中国城市绿地与公共健身区匹配建设的标准依据，继而在全面建成小康社会后进入新的健康中国进程。

表 5.17　　　　　　中国现有城市公园绿地体育设施标准

级别	名称	标准号	性质	颁布机构	对体育设施的规定
国家	公园设计规范	GB51192—2016	国家标准	国家住房和城乡建设部	游戏健身器材及活动场用地要求
	城市绿地分类标准	CJJ/T 85—2002	国家标准	中华人民共和国建设部	开展各类户外活动，具有一定游憩设施
地方	城市公园规划与设计规范	DBJ440100/T23—2009	广州市地方技术规范	广州市质量技术监督局	游憩活动区面积控制在陆地面积的15%以下，内容设置以小型项目为主，不宜设置规模较大的体育设施
	综合公园建设规范	SZDB/Z80—2013	深圳市地方技术规范	深圳市市场监督管理局	可设置体育运动区的公园类型及规模
	公园设施维护技术规范	SZDB/Z194—2016	深圳市地方技术规范	深圳市市场监督管理局	游憩场地、运动场地、游泳池的维护标准

3. 推动建立部门联动机制，实现政策有效执行

目前，实现城市绿地与公共健身区规划与建设的困难之一在于多部门之间的联动机制建设，国内生态绿地等部门的规划与管理主要由绿化和市容管理局等部门组织实施，全民健身场地设施的招标由地方政府相关职能部门组织实施，地方性体育局负责相关的监管等职责，这与国外联邦制（如美国）和单一制国家（如韩国）实施的管理有着一定的区别（见表5.18），部门之间需要存在一定的协同和联动，这就要求地方人民政府与体育主管部门、公共场所的管理单位及城市绿地行政主管部门在组织、会同、实施、监管、评估等方面做到联动实施，克服政策执行中的阻滞现象和掣肘现象。

表 5.18 国内外绿地体育设施管理机构对比

城市	联邦制国家	单一制国家	国内
绿地体育设施管理机构	健康部、体育局、休闲体育管理机构、社会组织及私人企业	文化和旅游部、部省体育局、体育协会、非政府组织	地方政府、绿化市容管理局、地方体育局、城市规划局、园林局等

我国自 1995 年以来，参与颁布全民健身政策的机构不断增加，截至 2019 年底，共有国务院、国家体育总局、教育部、全国总工会、卫生部、财政部、共青团中央、农业农村部、民政部、国家发展改革委、全国妇联、全国残联、文化和旅游部、国家民委、住房和城乡建设部、科技部、自然资源部等 40 多个机构参与颁布全民健身相关政策，然而，各项政策对全民健康的具体作用还相对有限，全民健身或公共体育政策执行存在一定的阻滞现象（张瑞林，2013；刘铮、唐炎，2014），这在一定程度上也限制了绿色生态体育空间建设的实践进程。如就城市绿地与公共健身区匹配实施问题，绿地中的公共健身区是否属于城市绿化覆盖率的范畴？是否可以纳入城市绿化覆盖率？匹配实施区域的城市绿地面积是否是公共健身区域？是否纳入城市公共健身区覆盖范围或面积？这些都可能对城市绿地与公共健身区的匹配实施机制产生影响，对部门之间的主动性造成不同程度的影响作用，从而也就影响了部门之间的联动效应。

4. 制度先行：实现互馈机制

从目前制度建设层面，国家也不断地出台制度红利，尤其是"十三五"时期以来，城市绿地与公共健身区匹配实施的制度更加明显，"十四五"规划又明确提出了体育公园健身的生态标准和"三是三不是"。2021 年，国家发展改革委会同有关部门起草形成了《关于推进体育公园建设的指导意见》，明确提出了匹配实施的导向、标准、重点和路径等，为新时代城市绿地与公共健身区的匹配实施建设提供了制度性保障。但从本研究来看，制度性建设也许并不是一件难事，然而，更为重要的是主体制度体验的影响可能更为现实，也更为实际。因为，任何一项制度的建设最终要让居民体验到实处，否则，就只能停留在制度层面，发挥不了更大的制度效能，这就需要互馈机制的建立，从目前的统计分析来看，显然，以往的多项公共体育服务制度，居民的主体制度体验感或认识明显不足，即良好的公共体育制度并没有带来民众公共体育参与的正向增加，分析原因，互馈机制不足或回应型体验制度不足是一个重要方面。

制度性研究主要集中在制度的设计、完善及保障等方面，沈克印、吕万刚（2017）等从规制性、规范性与文化认知三个层面分析了政府购买公共体育服务的制度要素，提出了完善法律法规、明确政府购买流程、健全评价与监管制度等问题；付冰、王家宏（2018）等提出了我国公共体育服务应引入信息披露制度，并提出了强制性披露和自愿性披露相结合的原则。这些研究为我国公共体育制度建设提出了很好的思路，但在如何实现更好的信息披露，如何让更多的民众体验到我国政府实施的公共体育购买制度，或者更准确地说，让更多的民众知道哪些是公共体育制度实施的范畴，并能够积极主动地参与到公共体育服务制度建设当中，即我国公共体育服务"回应型制度"建设，才是我国公共体育服务落地的基本标准，也是全民健身真正走向战略意义的号角。

5. 政府扶持：落实县域责任

《国务院办公厅关于加强全民健身场地设施建设发展群众体育的意见》提出了部门联动机制更加健全高效的总体要求，这为新时期政府责任提出了明确指向。在《全民健身计划（2016—2020 年)》中也明确提出了合理利用景区、郊野公园、城市公园、公共绿地、广场及城市空置场所建设健身场地的指导思想，为健身空间的公园化打造提供思想指引。在实践层面，部分城市也已经实施了这一指导思想，并取得一定的协同实施效果。然而，由于地方人民政府与体育主管部门、公共场所的管理单位及城市绿地行政主管部门存在组织、会同、实施、监管、评估等方面的协同实施问题，致使协同实施的成效仍不明显。

目前，城市绿地与公共健身区仍处于初步发展阶段，但体育公园等健身场所的数量呈现出不断增加的趋势，有关城市绿地与公共健身区的建设以及建设完成后应当怎样运作相对滞后，因此，应当构建以政府为主导的部门来完善有关城市绿地与公共健身区管理运行等方面的实施策略以及法规，结合各省份县域的具体情况，政府应尽早制定应对城市绿地与公共健身区的相关策略，建立相应的运行机制并实施，为城市绿地与公共健身区的运行提供有效的制度保障。同时，对于城市绿地与公共健身区中的不同场地规模，充分考虑人们的体育需求，结合当地特色的体育文化，合理地设置体育运动项目、规划运动场地。

我国诸多的研究也集中在对县域责任的界定层面。李国锋（2018）提出了我国县域体育基本公共服务的标准化问题；孙珊珊（2021）指出县域体育公共服务应实现从"有没有"到"好不好"的供给升级治理。在健身空间公园的建设方面，政府既是制定者也是执行者，从目前的研究和实际情况来看，县域政府承担着更为重要的执行角色，因此，落实县域政府的责任更为实际。在落实县域政府组织责任的同时，要注重体育部门、绿化部门及城市规划等多部门的联动机制作用，在组织、协调、会同、实施及监督等多个环节做得联动高效，极大地推动健身空间公园化健身进程。

6. 标准建设：凸显星级特色

2020 年 10 月 10 日，国务院办公厅发布的《关于加强全民健身场地设施建设发展群众体育的意见》中提出要大力发展健身场地设施的要求，充分利用体育用地和非体育用地建设健身设施满足群众需要，健身场地建设是推动全民体育参与的重要的起点，要制定完善的标准化建设，尤其是场馆类型、场地面积以及卫生条件都要达到标准化。自2011 年国家标准计划《公共体育设施——室外健身设施的配置与管理》（20110112—T—469）下达，我国公共体育场所标准化建设已走过了 10个年头，但至今为止，公共体育设施的国家标准仍显不足，围绕健身空间公园化的标准建设更是起步阶段，虽然国家提出了新的要求和标准，但整体标准化进程缓慢，这显然会影响我国健身空间公园化的进程，失去了星级标准的建设指向，也就容易造成缺乏评价和监督机制，最后就可能以夭折而告终，或成为体育资源的一种浪费。

从前面的研究显示，物质条件中的场地面积、器材设施、场馆类型、交通状况、位置条件等都表现出了显著的积极意义。但从目前来看，我国内地现有的城市公园绿地体育设施标准主要有《公园设计规范》（国家标准）及部分地方标准［《城市公园规划与设计规范》（广州）、《综合公园建设规范》（深圳）、《公园设施维护技术规范》（深圳）］，这些标准对体育设施进行了内容和规模面积的相关规定，但这些国家或地方标准缺乏具体的空间类型、人口标准、区域个数、承载力、可达性及体育设施匹配比等方面的具体标准，更为缺乏星级标准评价体系，这就容易导致健身空间公园化缺乏标准依据和基本准则，未来确立城市绿色健身空间公园化的星级评价标准应是城市规划的一张名片。

7. 生态协同：实现双维构建

生态协同已成为新时代的一个重要指向，也是为人民谋福祉的重要标志，城市绿地与公共健身区匹配建设正是对这一理念和思想的一种秉承，单纯的健身空间并不利于全民体育参与的提升，尤其是在主动参与的程度上，只有建立绿色生态协同一致的健身空间才能真正发挥更好的健身价值和使用效果。研究显示，人文环境中的运动氛围、绿化环境、地域文化等因素对运动参与主体都有着显著的积极作用，这也进一步预示了城市绿地与公共健身区匹配建设的意义和需求。我国许多学者也从不同方面提出了健身与绿色生态协同的意义（孟亚峥，2014；董德朋，2017）。张健、郭海霞（2019）针对健康中国背景提出了居民健身需求与生态体育资源建设的影响因素；查春华（2019）针对生态文明视阈下健身休闲空间布局进行了研究，以浙中生态廊道为载体，提出了空间优化的具体建议。这些研究为实现健身空间公园化提供了很好的理论基础。

健身空间公园化的绿色生态协同不仅仅是一种理念和宏观层面的协同，更应该体现在具体空间载体的标准建设上，从而最终实现城市由点到面的网格化发展，全民体育参与的"最后一公里"治理方可实现。当然，这里的绿色生态协同应该包含两个维度：从微观维度上来看，它是健身空间自身内部的生态协同；从宏观维度来看，这种健身空间还应该体现在城市的生态规划中，更能够展现城市的绿色生态性和健身性。目前，已有部分研究对我国省域范围内全民健身的生态协同进行了测评（董德龙，2019），指出我国省际范围的绿色健身与生态协同度还存在很大的地区差异，当然，这还只是省域范围内的生态协同评价，未来的研究更应在具体载体或市域范围内展开测评研究，实现健身空间和绿色生态协同的双维构建。

8. 社会资本：重视培育和资质

国务院颁布的《公共文化体育设施条例》第一章第六条强调："国家鼓励企业、事业单位、社会团体和个人等社会力量举办公共文化体育设施。"也就是说，鼓励各种社会资源投入到公共体育事业中来。一般认为，社会资本的概念最初由法国社会学家皮埃尔·布迪厄于1980年提出。他指出社会资本是"实际和潜在资源的结合，这些资源与相互默认或承认的关系所组成的持久网络有关，而且这种关系或多或少是制度化的"。

长期以来，包揽式为主的体育公共服务供给模式，由于存在投入总量不足、供给结构失衡、供给效率过低等问题，体育公共服务供给的规模和质量已经越来越难以满足新时代农村群众对体育的需求。"十二五"规划明确提出要积极鼓励社会力量（指能够参与、作用于社会发展的基本单元，社会组织、社会团体、慈善事业、公司、企业及个人等）参与我国公共服务建设。把社会力量更好地引入体育公共服务建设当中，充分发挥社会力量的财力资源优势和人力资源优势，解决公共体育服务中存在的小范围的、短期的行为是一项重要举措。

如何把这种社会力量深入地、有一定范围地、长期地引入公共体育服务中来，从而实现社会力量与政府服务优势互补、有机融合，这就需要政府制定相应的政策，通过各种激励机制，积极鼓励和引导社会力量参与公共体育服务。政府要充分发挥其"掌舵"的职能，可以把体育发展经费拨付给那些致力于为公共体育发展作贡献的社会团体、组织、企业，让它们来执行公共体育服务的具体供给，政府只负责监督和管理。综上可知，引入社会力量参与公共体育服务，既解决了政府在体育公共服务供给中的难题，又形成了一种"自下而上"的、"多元化"的体育公共服务供给模式，最终实现新时代公共体育服务的高质量发展。

另外，社会力量的介入随着服务的规范化也应越来越趋向正规，逐渐着手微观层面的指导和标准化建设，如培训机构缺乏健身指南或指导资质。我国从 2006 年 1 月 1 日起实施了《体育服务认证管理办法》，其主旨是为了规范我国的体育服务认证活动，提高体育服务质量，该办法的实施，使得体育服务机构的资质得到监管，也使得社会力量在合作的同时有了资质上的保障。当前，社会的结构形态已发生明显变化，社会服务需求也呈现多元化局面，其社会分工也更加细化，单纯依靠某一方面机构的职能难以实现社会服务的建设和保障，最终受害的仍然是广大的社会群体。

9. 小结

城市绿地与公共健身场地匹配实施的关键逻辑在于协同实施，这既是这一工作的逻辑主线，也是落实这一工作机制的阿基米德点，从逻辑顺序推演开来，应强化政策的标准性建立，实现标准化引领作用，继而必须实现部门的联动机制，如将城市绿地与公共健身区匹配实施区域统一纳入城市绿化覆盖率，否则城市绿化职能部门在主动性上就可能不够积极和主动，同时，绿地面积也将并入健身区域。另外，政府在组织会同的同时，更应该逐渐引入第三方评价或监督机制，能够及时对匹配实施的场地器材、卫生环境等作出报告制度，加强回应型制度建设，让居民真正能够体验到政策带来的生态福利效应。在这一工程实施的进程过程中，农村和青少年是一个必不可少的环节或群体，农村更加需要注重利用自然资源实现末端体育载体的有机融合性开发，实现体育对乡村旅游或乡村振兴的赋能机制，青少年则更加注重匹配实施的场地设施器材布局，单纯地一味投入成年化器材设备，青少年群体的健身休闲价值就会大打折扣，不利于我国在新的双减政策下实现双加。

附　　录

健身主题公园建设影响因素调查问卷

您好，我们是鲁东大学体育学院调研团队，正在调查关于健身主题公园建设的一些影响因素，问题采用 1~5 级制，所有回答无对错之分，请您根据您的看法，选择对应的选项，谢谢您的支持与配合！

1. 您的性别：

☐ 男

☐ 女

2. 您的年龄：

☐ 20 岁及以下

☐ 21~30 岁

☐ 31~40 岁

☐ 41~50 岁

☐ 51~60 岁

☐ 60 岁以上

3. 您的学历：

☐ 高中及以下

☐ 大学专科、本科

☐ 研究生

4. 您的职业：

☐ 机关事业单位

☐ 企业

☐ 社会团体

☐ 无单位（包括个体经营）

☐ 其他

5. 您所在省份：_____

6. 您每周参加锻炼的频率：

☐ 不参加

☐ 1~2 次

☐ 3 次及以上

7. 您每次参加锻炼的平均时间：

☐ 小于 30 分钟

☐ 30 分钟以上

8. 您是否从事与体育相关的工作：

☐ 是

☐ 否

9. 您附近是否有健身主题公园：

☐ 是

☐ 否

☐ 不知道

10. 距离您住所最近的健身主题公园有多远？

☐ 500 米及以内

☐ 500~1000 米

☐ 1000~1500 米

☐ 1500 米以上

11. 您认为以下物质条件因素对健身主题公园建设的影响程度：

	很认同	不认同	一般	比较认同	非常认同
场地标准					
收费标准					
交通状况					
器材设施					
卫生条件					
开放程度					
运动氛围					
地域文化					
绿化环境					

12. 您认为以下人文环境因素对健身主题公园建设的影响程度：

	很不认同	不认同	一般	比较认同	非常认同
卫生条件					
开放程度					
运动氛围					
地域文化					
绿化环境					

13. 您认为以下政府保障及社会支持因素对健身主题公园建设的影响程度：

	很不认同	不认同	一般	比较认同	非常认同
政府重视程度					
资金支持					
赛事组织					
赛事宣传					
专业指导人员配备					

14. 您认为以下运动参与主体因素对健身主题公园建设的影响程度：

	很不认同	不认同	一般	比较认同	非常认同
民众意识					
身体状况					
体育参与意愿					
体育锻炼频率					
民众观念					
体育参与人群					
健身场地需求					

15. 您认为以下健身空间创新因素对健身主题公园建设的影响程度：

	很不认同	不认同	一般	比较认同	非常认同
健身功能多元化					

16. 您期望健身主题公园距离您住所的距离是多远？
□ 500 米及以内
□ 500～1000 米
□ 1000～1500 米
□ 1500 米以上

参 考 文 献

［1］部义峰，周武，赵刚，等．社会分层视阈下中国居民体育参与、偏好与层化研究［J］．中国体育科技，2015，51（5）：78-93．

［2］蔡玉军，邵斌．问题与策略：我国城市全民健身空间集约化发展模式研究［J］．天津体育学院学报，2015，30（6）：467-473．

［3］戴健，张盛，唐炎，等．治理语境下公共体育服务制度创新的价值导向与路径选择［J］．体育科学，2015，35（11）：3-12．

［4］董德龙，于永平，梁红梅．全民健身与绿色生态协调发展的时空特征与空间集聚［J］．成都体育学院学报，2019，45（4）：47-53．

［5］董德朋．公共体育资源配置及居民幸福的健康社会学机制［M］．北京：人民体育出版社，2023．

［6］董德朋．生命历程视角下居民体育参与打破了健康的阶层不平等吗？［J］．上海体育学院学报，2021，45（8）：73-86．

［7］董德朋，汪毅．助力中国航天：微重力环境运动应对理论与实践探索［J］．体育科学，2022，42（9）：55-71．

［8］董德朋，袁雷，韩义．基于ArcGIS的城市中心城区公共体育服务空间：结构、问题与策略［J］．上海体育学院学报，2017，41（6）：10-16．

［9］付冰，王家宏．我国公共体育服务建设引入信息披露制度的研究［J］．北京体育大学学报，2018，41（5）：9-15．

［10］国务院关于印发全民健身计划（2021—2025年）的通知

[EB/OL]. 中国政府网 . https：//www. gov. cn/zhengce/content/2021 - 08/03/content_5629218. htm.

[11] 韩勤英，刘献国，钟涛 . 不同社会阶层群体休闲体育参与意识和行为研究 [J]. 河南师范大学学报，2019，47（6）：113 - 120.

[12] 韩秋红 . 社会分层与体育锻炼关系的实证研究 [J]. 广州体育学院学报，2015，35（1）：4 - 9.

[13] 胡鞍钢，方旭东 . 全民健身国家战略：内涵与发展思路 [J]. 体育科学，2016，36（3）：3 - 9.

[14] 黄谦，张晓丽，葛小雨 . 体育参与促进社会资本生成的路径和方式——基于2014年《中国家庭追踪调查》数据的实证分析 [J]. 中国体育科技，2019，55（7）：63 - 70.

[15] 黄为为，何金廖，王宇彤 . 德国海德堡城市体育空间利用对南京江北新区绿色规划的启示 [J]. 现代城市研究，2016，（5）：29 - 33.

[16] 霍芹，何万斌 . 社区居民的体育参与及其与心理健康效益的关系研究 [J]. 台州学院学报. 2007，29（3）：80 - 84.

[17] 李乐虎，高奎亭，黄晓丽 . 我国政府购买公共体育服务质量制约与保障路径 [J]. 体育文化导刊，2019（7）：30 - 36.

[18] 李强谊，钟水映 . 我国体育资源配置水平的空间非均衡及其分布动态演进 [J]. 体育科学，2016，36（3）：33 - 43.

[19] 李骁天，邢晓燕 . 社会分层视角下中国城市社区居民体育锻炼行为分析——基于CGSS数据的实证研究 [J]. 北京体育大学学报，2014，37（9）：17 - 25.

[20] 李志刚，李江，王正伦，等 . 动态与展望：全民健身与全民健康融合的法治保障研究 [J]. 体育学研究，2018，1（3）：48 - 54.

[21] 刘春霞 . 体育锻炼对增进身体健康的作用 [J]. 新课程（教师版），2006（2）：46 - 47.

[22] 刘国永 . 推进全民健身战略，推进健康中国建设 [J]. 体育科学，2016，36（12）：3 - 10.

［23］卢文云，张伟国，黄忠明．主动健康视阈下我国体医融合健康促进体系优化研究［J］．天津体育学院学报，2023，38（6）：703－711.

［24］卢元镇．社会体育导论［M］．北京：高等教育出版社，2004.

［25］陆学艺．当代中国社会十大阶层分析［J］．学习与实践，2002（3）：55－63.

［26］吕万刚，曾珍．基于公众感知的大型体育场馆公共体育服务质量评价与实证研究［J］．体育学刊，2020，27（5）：59－67.

［27］［美］罗伯特·帕特南．使民主运转起来［M］．北京：王列，赖海榕，译．中国人民大学出版社，2015.

［28］孟亚峥．生态体育与全民健身的融合发展研究［J］．体育文化导刊，2014（11）：31－33.

［29］彭大松．城市化对体育参与的影响［J］．城市问题，2019（6）：94－95.

［30］仇军．西方体育社会学理论、视点、方法［M］．清华大学出版社，2010.

［31］仇军，杨涛．体育与社会资本研究述评［J］．体育学刊，2012，19（5）：14－21.

［32］齐良书．经济、环境与人口健康的相互影响：基于我国省区面板数据的实证分析［J］．中国人口·资源与环境，2008，18（6）：169－173.

［33］乔玉成，范艳芝．诘问与回应：体育与幸福关系研究的8个基本问题［J］．上海体育学院学报，2020，44（7）：1－15.

［34］秦启宪．现代的体育设施　和谐的绿色景观——浅谈上海体育场绿化设计［J］．上海建设科技，1997（4）：39－41.

［35］人民网．着力提升全民健身公共服务质量［EB/OL］．2022－04－28. http://opinion.people.com.cn/n1/2022/0428/c1003－32410562.html.

［36］谭延敏，张铁明，刘志红．大众传媒对小城镇不同社会阶层居民参与体育锻炼的影响［J］．首都体育学院学报，2008（5）：49 - 52．

［37］汤国杰，从湖平．社会分层视野下城市居民体育锻炼行为及影响因素的研究［J］．中国体育科技，2009，45（1）：139 - 143．

［38］田学礼，周进国．社会分层视角下社区居民体育参与研究——基于粤东地区的实证调查［J］．成都体育学院学报，2014，40（6）：32 - 35．

［39］王丽娜，栾秀群．城市社区休闲体育公共服务体系的制约因素及对策研究［J］．科技经济市场，2014（5）：81．

［40］王荣伟，王祎．社会发展对居民体育参与行为的影响因素研究——以社会分层、个人空间为视角［J］．学理论，2016（4）：99 - 102．

［41］王艳．我国小城镇体育产业发展方略［M］．人民体育出版社，2023．

［42］魏云贵，谭明义．学校体育的育人功能与优势［J］．上海体育学院学报．2001，25（5）：198 - 199．

［43］文秘帮．体育休闲公园植物景观设计分析［EB/OL］．2022 - 10 - 05．https：//www．wenmi．com/article/pyvp79052m9i．html．

［44］肖华斌，安淇，况苑霖，等．健康福祉视角下城市绿地文化服务供需测度与空间特征——基于地块尺度的济南市旧城区分区实证研究［J］．西安建筑科技大学学报（自然科学版），2022，54（3）：376 - 385．

［45］肖林鹏．我国群众体育资源开发与配置对策研究［J］．西安体育学院学报，2006，23（1）：6 - 9．

［46］央视网．国家体育总局：2020 年经常参加体育锻炼人数比例达 37．2% ［EB/OL］．2022 - 07 - 05．http：//m．gmw．cn/baijia/2022 - 07 - 05/1303029119．html．

［47］姚磊．新型城镇化进程中农村体育基本公共服务供给：有限

性和有效性［J］. 北京体育大学学报, 2015, 38（11）: 7-16.

［48］尤佳丽. 中国社会不同阶层休闲体育研究［J］. 体育风尚, 2019（5）: 212-213.

［49］于善旭. 论《全民健身条例》对公共体育服务的制度推进［J］. 天津体育学院学报, 2010, 25（4）: 277-281.

［50］余涛. 群众体育资源配置系统构建的理论研究［J］. 北京体育大学学报, 2009, 32（12）: 16-19.

［51］张耀勇. 体育锻炼中的社会分层机制研究［J］. 鄂州大学学报, 2017, 24（1）: 99-101.

［52］赵晓龙, 王敏聪, 赵巍, 等. 公共健康和福祉视角下英国城市公园发展研究［J］. 国际城市规划, 2021, 36（1）: 47-57.

［53］中共中央办公厅 国务院办公厅印发《关于构建更高水平的全民健身公共服务体系的意见》［EB/OL］. 2022-10-25. www. gov. cn.

［54］中国小康网. 让体育场馆成为群众健身乐土［EB/OL］. 2022-03-16. www. northnews. cn/nmgzq/6670/0317/2078554. html.

［55］中华人民共和国中央人民政府.《关于推进体育公园建设的指导意见》［EB/OL］. 2021-10-23. http://www. gov. cn/zhengce/zhengceku/2021-10/30/content_5647758. htm.

［56］中华人民共和国中央人民政府. 国务院关于印发全民健身计划（2016—2020年）的通知［EB/OL］. 2016-06-15. https://www. gov. cn/zhengce/zhengceku/2016-06/23/content_5084564. htm.

［57］中华人民共和国中央人民政府.《农业农村部、体育总局、国家乡村振兴局联合发文推进"十四五"农民体育高质量发展》［EB/OL］. 2022-06-24. www. gov. cn.

［58］中华人民共和国中央人民政府. 全民健身条例［EB/OL］. 2016-02. https://www. gov. cn/gongbao/content/2016/content_5139426. htm.

［59］中华人民共和国中央人民政府.《十四五体育发展规划》［EB/OL］. 2021-10-26. http://www. gov. cn/xinwen/2021-10/26/content_5644894. htm.

［60］中华人民共和国中央人民政府．习近平主持召开教育文化卫生体育领域专家代表座谈会并发表重要讲话［EB/OL］. 2020 - 09 - 22. https：//www. gov. cn/xinwen/2020 - 09/22/content_5546100. htm.

［61］周迪，程慧平．中国农业现代化发展水平时空格局及趋同演变［J］. 华南农业大学学报（社会科学版），2015，14（1）：25 - 35.

［62］周洁友，裴立新．社会资本：全民健身运动功能的一个研究视角［J］. 体育科学，2008，28（5）：18 - 23.

［63］周进国，周爱光．社区居民体育人口与社会分层关系研究［J］. 体育文化导刊，2014（5）：56 - 59.

［64］ANDERSEN R M. Revisiting the behavioral model and access to medical care：Does it matter？［J］. J health soc behav, 1995, 36（1）：1 - 10.

［65］Burns J, Scapens R W. Conceptualizing management accounting change：An institutional framework［J］. Management Accounting Research, 2000（11）：3 - 25.

［66］GROSSMAN M. On the concept of heath care and the demand for health［J］. Journal of Political Economy, 1972, 80：223 - 255.

［67］HARGREAVESJ. Sportingfemales：Criticalissuesin the history and sociology of women's sport［M］. London：Routledge, 1994：112.

［68］HONG F, Feng J. Special issue：Sport, urbanization and social stratification in asian society introduction［J］. International Journal of The History of Sport, 2016, 33（18）：2185.

［69］KAHMA N. Sport and social class：The case of Finland［J］. International Review for The Sociology of Sport, 2012, 47（1）：113 - 130.

［70］Khan K, Thomfson A, Blair S, et al.. Sport and exercise as contributors to the health of nations［J］. The Lancet. 2012, 380（9836）：59 - 64.

［71］Pamela Wicker, Kirstin Hallmann, Christoph Breuer. Analyzing the impact of sport infrastructure on sport participation using geo – coded da-ta: Evidence from multi-level models ［J］. Sport Management Review, 2013, 16（1）: 54 –67.

［72］ VAN T C, SCHEERDER J. A multilevel analysis of social stratifi-cation patterns of leisure-time physical activity among Europeans ［J］. SCI Sport, 2010, 25（6）: 304 –311.

［73］ WHEELER S, Green K, Thurston M. Social class and the emer-gent organized sporting habits of primary-aged children ［J］. European Physi-cal Education Review, 2019, 25（1）: 89 – 108.